U0722405

下沉市场

渠道建立、用户分析与本地化运营

单兴华 —— 著

人民邮电出版社

北 京

图书在版编目（CIP）数据

下沉市场：渠道建立、用户分析与本地化运营 / 单
兴华著. -- 北京：人民邮电出版社，2021.1
ISBN 978-7-115-55419-2

Ⅰ．①下… Ⅱ．①单… Ⅲ．①网络经济－研究 Ⅳ．
①F49

中国版本图书馆CIP数据核字(2020)第237034号

内 容 提 要

　　下沉市场拥有我国绝大多数的消费群体，也为商业市场提供了非常具有想象力的发展空间。本书共分为5章，主要涵盖下沉市场基本分析、渠道建立、用户分析、本地化运营、校园市场运营。本书有思路、有做法、有案例，通过多维度的解读，让下沉市场立体、综合地呈现在读者眼前。

　　本书主要面向移动互联网行业市场营销、品牌运营、产品设计、企业管理等从业人员，媒体和投资行业中研究下沉市场的从业人员，下沉市场战略布局的从业人员。

◆ 著　　　　单兴华
　责任编辑　刘　姿
　责任印制　周昇亮

◆ 人民邮电出版社出版发行　　北京市丰台区成寿寺路 11 号
　邮编　100164　电子邮件　315@ptpress.com.cn
　网址　https://www.ptpress.com.cn
　北京虎彩文化传播有限公司印刷

◆ 开本：880×1230　1/32
　印张：6.75　　　　　　　2021 年 1 月第 1 版
　字数：151 千字　　　　　2025 年 8 月北京第 14 次印刷

定价：59.80 元

读者服务热线：(010)81055296　印装质量热线：(010)81055316
反盗版热线：(010)81055315

下沉市场是这两年的热词，是一片"新大陆"，虽然大家聊得火热，但是如果没有真正在三线及以下城市摸爬滚打过，又哪里能够知道此中奥妙？这两年兴华深耕下沉市场，从"呛水"到游刃有余，最终拿出来的都是可落地的"干货"，值得我们去思考。

——May　深圳依时货拉拉科技有限公司　首席营销官

深耕下沉市场，是未来互联网行业的另一个风口。顺势而为，大有作为。

——葛亮　小米科技有限责任公司　前公共事务总监

当前下沉市场的潜力正在不断被挖掘、被重视，面对这个市场中的近 3 000 个县城、近 4 万个乡镇、近 10 亿人口，我们一定要怀有敬畏之心。渠道下沉的同时，产品品质、市场健康性也要有保障，毕竟玫瑰虽美，却也会因遗忘而被刺所伤。

——张军红　经济日报报业集团《经济》杂志社　区域主编

下沉市场孕育着无限可能，是产业打破大众市场天花板、汲取未来营养的"北大仓"。ToB（面向企业或组织）市场，便潜藏着下沉市场这片蓝海中的上层用户。从校园市场切入，抓住下沉市场未来的潜力建设者、理念渗透者和消费引领者，无疑是在为"下

沉市场 +ToB"模式探索一条极具成长潜力和能够循环造血的可行道路。兴华在这方面一直拥有独到的理念和见解，本书定有源头活水！

——董泽栋　山东电力集团公司鲁能体育文化分公司
发展经营部副主任、互联网项目负责人

C 端（面向终端用户或消费者）市场流量是相对见顶的，对微信这种拥有 10 亿级别用户的应用来说，C 端已几乎见顶，但对现今绝大多数应用来说，C 端的天花板还很高。然而随着获客成本的不断提高，诸多运营方已把主战场转到三线及以下的城市，甚至农村市场。随着消费升级，以前被认为量大质糙的下沉市场流量，现在成了公认的量大质优的"香饽饽"。

——宋贝贝　合肥岭雁科技有限公司　联合创始人

企业竞争日益加剧的今日，战场不断向下转移。非常高兴看到这部作品面世，它让我们对下沉市场有了一个全面的了解和认识，从而读懂未来市场竞争的主干线，读懂增量消费人群的主力军，读懂企业长远发展的主战场。期待这部作品能够让更多人真正了解下沉市场。

——房春浩　北纬度文化传媒有限公司　联合创始人

当一个新兴的概念和机会刚出现的时候，人们总是会拼命地靠近和尝试，以借助新的思维和路径来找到新的发展机会。三线及以下城市拥有巨大的市场体量和潜力，也为移动互联网医疗产品带来了更多的市场机遇和潜在用户。如何找到切入的方式和方法，把下沉市场吃透、做实，个人建议大家可以将此书作为参考。

——周明敬　广东健客医药有限公司　前高级产品总监

下沉市场对大多数移动互联网行业从业者来说是一个全新的市场。而校园市场作为抵达下沉市场的重要实现路径，难度相对更大，但是效果也更加明显，在这方面，真正的下沉是无法回避学校管理方的。服务要积极向上，也要更加多维，其中的过程更多需要的是真诚和耐心，网红式效应是无法在下沉市场和校园市场中长久持续的。非常感谢兴华为我们创作了一部市场运营宝典，也希望此书能够帮助更多的人打开全新的蓝海市场。

——任海伦　完美数联（杭州）科技有限公司　校园副总经理

用心对待下沉市场

近几年，关于"下沉市场"的讨论流行起来，很多互联网同行也积极投身于这个新市场。值此背景，我非常高兴地看到本书的出版，也有幸能为此书撰序。

我和下沉市场的机缘，源于58同镇这个项目。两年多来，我带领数百个同事，历经千辛万苦，终于让58同城的核心业务在下沉市场扎根，并展现出生命力。在这一过程中我也产生了诸多思考，在这里抛砖引玉。

随着消费升级和消费下沉的同步推进，本地化是乡村互联网发展的大势所趋。58同镇在这样的契机下，将58同城成熟的生活服务模式下沉到一个个乡镇，让乡镇居民也能享受便捷的本地生活服务。自2017年成立后仅4个月，58同镇的用户量就突破了200万人，成为58同城历史上增幅最快的业务之一，其后一路增长未见放缓。

在布局下沉市场的过程中，摆在我们面前的第一个难题是，到底应该先从哪些品类开始做？这类艰难选择，也往往是各大互联网公司和创业者常遇到的。面对一个新的局面，往往什么都能做，却也什么都不太好做。我们最先决定从招聘、房产这样的58同城的核心优势品类入手，但有诸多难题超出预想。比如我们需要培训当地合伙人（站长），帮助他们学会用智能手机提供信息服务，让他们扮演几乎是58同城当年在北上广深推广人员的角色。培训过程需要克服巨大的地区差异、站长的能力差异及其对项目的认知差异，加上培训人数量级巨大，我们的工作艰苦繁重。比如我们需要平衡纯本地信息和跨地区信息的比例，保证信息传播的总体效率。此外，我们需要细致对待下沉市场的成长性，保证站长收益可靠，使他们的收益能够逐渐达到全职工作的水平。面对以上种种困难，我们从点到面、坚持不懈、一一克服，现在的58同镇无论是覆盖的品类、区域、用户、技术，还是商业化程度，都日趋完善。

回看过去，我们认为最重要的成功秘诀就是"用心"对待下沉市场。"根植乡镇，服务乡镇，连接乡镇"是58同镇的本地化初心，我们在58同镇跟站长打交道、跟用户打交道的过程中，没有带着居高临下的视角，没有简单粗暴地做内容倾销。我们一开始就坚信本地化是58同镇的灵魂。58同镇在很多地方就像当地的报纸、广播、论坛，它的存在让本地化的信息服务运转和繁荣起来，让生活服务信息传播开来。相比其他的泛互联网内容，本地内容更受老百姓的喜欢。这一点也很容易理解，如果大家看过费孝通先生的《乡土中国》就知道，在人口只有一两万的小地方、小乡镇、小城市，当地人的乡土情怀更重，会更加关注本地人、本地事。

我们的目标是再用一两年时间，在全国每一个乡镇都设立58同镇的站点，借此"填平城乡信息鸿沟"，让下沉市场用户享受到堪比一二线城市的一站式便捷互联网生活服务。希望它能成为县、镇两级行政区划的本地媒介，并成为伴随经济结构优化产生的城市人口流动红利附加而成的一种便利。甚至对于返乡的人而言，这种服务也能促进其就业，为他们在本地的生活提供更便利的服务，这也是我们义不容辞的责任。

总之，当面对下沉市场时，我们需始终保持平常心，真诚且平等地对待这个市场和其中的用户。下沉市场中的数亿名居民对优质互联网服务的期待、对优质商品的期待，和过去10多年发生在大城市里的进程是类似的。下沉市场的崛起是中国互联网走向成熟的标志，是对更美好、更公平的社会的一种呈现。我们身在这一事业之中，会继续积极探索、砥砺前行。我们也希望看到更多的同行和朋友加入这一市场的事业中来，一起"用心"开拓。

——冯米　五八同城信息技术有限公司　副总裁

下沉：打造属于自己的"根据地"

从我在小米初识兴华，到 2020 年，也已近 10 年了。最初，他负责米聊的营销推广。对兴华的第一印象，就觉得他是一个"孩子王"。总见他神神秘秘地鼓捣着一个个群组，和当时米聊校园团队的大学生们"泡"在一起。有一次，看到他死磕一个校园营销的案子，没日没夜、不顾吃喝地改了几十遍。最终，那个案子反响不错。想来兴华对校园市场的专业性，大概就源于最初的那股执拗劲儿。

随着陆陆续续的接触，我了解到兴华特别有才，据说他尤其擅长校园文学，在大学生群体中有不少"迷弟迷妹"。偶尔，新入职的应届生说起兴华，总不免对他赞叹一番，说是他的读者。后来，他离开小米，和别人一起开创了一个校园文学平台。久而久之，兴华在我心中的形象，就变成了一位作家。

兴华虽然离开了小米，但关于他的消息却一直不断，他折腾的事情可真不少。偶尔，他也会回小米，遇上了我们就一起喝茶聊天，每次他都能带来对世界新的认识。他对校园市场，对移动互联网营销的思考，往往对我有所启发。现在看来，从最初到现在，兴华其实一直都是一个思考者，更难能可贵的是他也愿意著书分享。

兴华的新作聚焦"下沉市场"。这个选题很有意义。从宏观上看，中国的城镇化进程持续推进，随着未来地市、区县、乡镇的经济规模和消费力提升，下沉市场势必成为营销的主战场。从现实层面看，随着 5G 的规模化应用，脱贫攻坚进入收官之年，北京到每一个边远城镇的距离极大缩短，每一个小城的热点视频都能通过手机在第一时间传播至全中国甚至全世界。

从企业生存竞争角度看，随着移动互联网进入"下半场"，一线城市的市场竞争愈发激烈。不管是初创公司，还是已具规模的企业，在下沉市场中精耕细作，打造属于自己的"根据地"，都不失为有效的竞争策略。从这个角度看，兴华的新作有着极强的现实意义。我在拜读之余，也期待着兴华和他的团队在市场实践中运用这些方法论，给我们带来更多令人振奋的消息！

——陈舒庭　小米科技有限责任公司　前信贷产品总监

下沉市场：不只是概念，更是顺势

作为一名移动互联网行业从业者，我一直在思考不同的用户增长模式和市场运营策略。每一位互联网人都对常规的用户增长模式和运营的方式方法如数家珍，但这也恰恰限制了我们的创新意识和做事思维。当有一天，我们习以为常的办法不再屡试不爽，寻找新的领地就成为每一个从业者都要思考的问题。

当8年前我第一次提出做互联网市场运营需要"线上＋线下"整合营销理论的时候，移动互联网的产品世界还没有像如今一样，百花齐放，百家争鸣，同样也并没有像"下沉市场""私域流量"这样的口口相传的术语。那个时候我只是单纯地认为，纯粹的互联网模式与我国的传统文化及国内消费者的习惯之间总有一条若隐若现的鸿沟，我国移动互联网用户的潜力绝不止我们当时看到的规模。

下沉市场是最近几年不断被提及的一个概念，在移动互联网行业的"造词运动"中，"下沉市场"这4个字获得了越来越多的人的关注，在这背后，是移动互联网流量遇到的问题，是传统的用户增长和市场运营模式的瓶颈不断恶化的结果。作为移动互联网行业从业者的我们，当曾经的办法不再适用时，下沉市场就成为我们新的目标。

基于个人思维和文化属性，相比于一线大都市的市场，我更加倾向于对县城市场进行关注和研究，亦如自从业以来，相比于大多数品牌在校园市场布局中情有独钟的北上广深的重点高校，普通高校和职业院校更能够引起我的兴趣和激情。多年来我一直崇尚并身体力行"全民参与"的市场策略，信仰"水能载舟亦能覆舟"的市场思想，推崇"得用户信任者得未来"的运营脉络。下沉市场，与其说是一个新兴的概念，不如说是一个一直存在、但被移动互联网忽视的蓝海市场。

超过 8 亿的用户消费群体，太多的场景，太多的未知，带给了我们太多的希望。但是在走进这个市场的时候，我相信绝大多数人都没有真正地了解过这个市场，只是单纯想要快速地收获，却没有仔细研究如何更好地耕耘，这何尝不是对下沉市场的一种亵渎。

当年初出茅庐，未敢大放厥词，直到多年以后，当移动互联网的流量瓶颈在一线城市逐渐显现，当更多的互联网产品和品牌开始将目标聚焦到那些我们从未涉及的县城，我终于开始自信地相信——当年我的看法在如今看来是正确的。作为一个市场人，我很少在意一城一地的得失，更加关注全局的统筹协调和战略方向；作为一个品牌人，我一直遵循产品即品牌的理念，向来坚信口碑是品牌的关键；作为一个创作者，我更愿意通过自己的方式去阐述个人的观点和理论，期望通过结合个人的观察和实践，用文字的方式去实事求是地解读一个问题。我不会告诉读者我的作品是通关宝典，只愿以公正、客观的角度为读者提供一份真实的参考和一个了解的通道。

我用了两年的时间，因公或者因私去过全国 200 多个县城，其中大部分位于北方。很多时候，我可能一天之中要在三四个县城之间穿梭。中国交通的高速发展，让县城与县城之间的距离极大地缩短。但是无论是走马观花还是停留驻足，我都会关注每个县城的 4 种情况：常住人口、人均收入、消费水平、城市格局。

同时，由于工作性质，我得以与全国各地的县城普通居民接触，了解他们的喜好和生活习惯，认识了很多不曾听闻的县城，了解到中国县城在某种程度上的千城千面，也了解到很多县城的共性特征。两年的亲身调研和实践，让我终于有了创作这个题材的作品的底气和自信。一年时间的潜心创作和修改，终于让这本关于下沉市场的书得以与读者见面。

感谢远在海外的本书的策划编辑孙媛老师的全程指导，感谢 58 同城、QuestMobile 为本书提供的数据支持和报告支持，让本书的内容和数据更加专业、更具参考价值。同时感谢我曾经的团队同事，他们在 2018 年、2019 年两年间与我一起奔走于大江南北，深耕和探索下沉市场，感谢在这个过程中所有给予我们帮助和支持的地方领导、媒体、高校学生、合作伙伴和下沉市场中的居民。

从校园市场到下沉市场，不仅仅是我个人的转变，更是对未来市场趋势的判断。因为亲自经历过，所以我有底气撰写此书，能用最真实的文字，描述最真实的画面，讲解最真实的见闻，让所有对下沉市场感兴趣的朋友，能够通过此书系统地了解下沉市场的渠道、用户、品牌等不同维度的内容。

愿本书能为所有致力于下沉市场研究和实践的同仁提供参考，帮助各位在下沉市场领域描绘属于自己的蓝图。受个人主观思维局限，本书如有内容不当之处，还请读者见谅，欢迎批评指正。

目录

第3章 用户分析：水能载舟，亦能覆舟，得用户信任者得未来 / 067

第4章 本地化运营：打造移动互联网产品的县域经济体 / 103

第5章　校园市场运营：未来趋势——校企合作 +C 端运营 / 155

下沉市场：渠道建立、用户分析与本地化运营

第 1 章

下沉市场基本分析

现状和潜力

谈到下沉市场，我的脑海中总是会浮现出我们伟大祖国的行政区划图，亦如每次我做校园市场年度分析和预警的时候，脑海中总是会浮现出全国2 900多所高校的地域分布图。

　　想要系统且深度地了解下沉市场，就要对下沉市场所涉及的地理、文化、政策、用户、现状以及未来的潜力进行一个信息汇总和综合判断。本章将从"地域分析""用户分析""消费分析""移动互联网公司的渠道下沉方式"4个方面进行阐述，使大家对下沉市场有一个全面、系统的了解。

1.1 下沉市场的地域分析

本书所说的下沉市场，主要指的是三线及以下城市、县镇、农村地区市场，以区县为主要范围进行商业活动的目标市场。

1.1.1 地域发展变化

作为我国行政区划的重要组成部分和全国 90% 以上居民的聚集地，这些地区或开放、或封闭、或富有、或落后，但是不可否认的是，这些城市群的居民，已经成为不容忽视的消费力量。当我们走出北上广深这些大城市，走向全国 2 800 多个县城，我们会惊讶地发现，眼前的一座座县城，远远比想象中或印象中的更加充满活力与想象力。

■ 县城翻天覆地的变化

一个常住人口数为 10 万—20 万的县城中，一横一竖两条主干道构成了居民的生活圈和交通圈。当外卖小哥骑着电动车飞奔在步行 1 小时就可以绕城一圈的县城时，当大街小巷的商贩挂起了微信支付和支付宝的收款码时，当高铁将一座座县城高度连接时，当每天 22 点以后整个县城才进入宁静时，我们会发现，中国的县城正在发生翻天覆地的变化。在整个变化过程中，不再只有城市的基础设施和经济结构发生了变化，居民的消费观念和生活习惯也有了改变。

头部互联网公司正用科技改变着县城居民的日常生活，这个拥有数亿用户的下沉市场承载体，正在以超乎想象的市场空间迎接一波又一波的移动互联网拓荒者。

■ 地域间的发展情景层层展现

当东北地区的县城居民开始缴纳冬季的取暖费时，华南地区的县城居民依旧在30多摄氏度的高温天气中期待下雨带来的丝丝凉意；当西北地区的农民开始收获一年的喜悦时，华北地区的居民才开始体验四季里最美的季节。

秦岭至淮河一线构建了中国传统的南北地理分界线，沿海城市的居民感受着最开放的经济发展环境和最快速的社会经济变革，北方的内陆城市也在不断地觉醒。当北大仓的粮食依旧源源不断地被供应给全国人民时，阳澄湖的大闸蟹也已通过高速发展的电商和物流摆上了西北地区普通家庭的餐桌；当深圳再次迎来百年不遇的发展政策时，沈阳的科技魅力正在将"投资不过山海关"的魔咒打破。

◎总结 ·•◎

一幅幅居民生活的画面，一份份城镇发展的蓝图，不同的气候，不同的位置，不同的机遇，展现出的却是相同的愿景和未来。而下沉市场，正是伴随地域经济的千姿百态出现的更大的移动互联网产品市场。

1.1.2　地域发展趋势

■　城乡信息差距缩小

以 58 同城为例，基于对下沉市场的战略思考和分析，58 同城在 2017 年正式推出"58 同镇"，专注农村业务。这是 58 同城主打下沉市场的"明星"品牌业务，目标正是缩小城乡的信息差距，希望未来农村居民可以用智能手机获得各种本地生活服务。公开资料显示，截至 2018 年 12 月，58 同镇在全国有 1 万多名站长，在全国开设了 1 万多个乡镇信息站点，覆盖了 31 个省、325 个地级市、2 172 个区县，日均发布服务信息数量超过 20.5 万条，日均访问人数超过千万人。58 同镇以站长为"根据地"，展现了"星星之火"的燎原之势。

58 同城首席执行官姚劲波认为，手机正在成为农民的新工具，也正在让他们的生产力变得更高。互联网既可以让城市的生活更便捷、更美好，也可以让农村实现跨越式的发展，助力农村振兴。

■　乡镇将成为下沉市场的最终目的地

伴随着下沉市场的不断发展和变革，乡镇将成为下沉市场的最终目的地。从最开始的二、三线城市，延伸到更加广泛的农村地区，这成为下沉市场最常见的市场开拓思路。当然，像 58 同城这样直接将目标聚焦到乡镇市场，更为下沉市场的开拓和运作提供了一劳永逸的方式。从上到下、从下到上，都可以在下沉市场中创造不同的神话。

◎**总结** ··◦

> 由一条条道路连接的一座座县城，由一个个小镇居民构建的一片片新生活圈，在不断呈现着奇迹的同时，更为我们呈现了一片充满全新生机与活力的市场蓝海。当移动互联网产业在北上广深的"红海"中厮杀得筋疲力尽时，下沉市场正在用更宽广的胸怀和期待的目光，迎接着更多追梦人的到来。

1.2　下沉市场的用户分析

如果说，县城乡镇是下沉市场的承载体，那么下沉市场中的用户便是下沉市场的血脉，同时也是商业产品将目光聚焦到下沉市场的终极目标。在用户方面，本书主要以下沉市场中的城镇居民为主要目标群体进行讲解。

当我们习惯了大都市的生活环境及其氛围，习惯了大型购物中心带来的一站式服务，习惯了高铁飞机的无缝式衔接，习惯了星巴克的味道，也习惯了堵车和人满为患时，漂泊着的我们中的很多人，已经不再习惯那个儿时生长的小城。当都市的白领坐在窗明几净的高档写字楼里敲打着键盘时，在百里或者千里之外的某个县城里，6层或8层的住宅小区正在诉说着属于自己的安逸。

对于县城，我们似乎既熟悉，又陌生，但在每个人的内心深处，都有着对它的特殊印象。而那里的用户，似乎离我们既亲近，又遥远，让我们感到既熟悉，又陌生。

1.2.1 用户生活画像

当我们在研究一个特定市场群体的时候，首先需要了解这个用户群体的整体画像。只有当我们对目标用户的画像有了一个充分的认知时，才能做出相对客观和准确的判断。而了解下沉市场的用户画像，是我们了解下沉市场用户群体的基础和必备工作。

■ 对比大都市与县城居民的生活习惯，展现用户生活画像

当生活在大都市的你每天早上 8 点起来，准备去地铁站乘车奔向距离住处一个多小时车程的单位上班时，县城里的大部分工作人员已经开始了当天的工作，而也许在 1 小时或者 2 小时之前，他们已在家里吃完了热腾腾的早饭。

当你经历了一个上午的忙碌，打开手机准备叫一份外卖充当自己的午餐时，县城里的人们已进入了午休时间，他们或是回家品尝可口的午饭，或是跟同事、朋友相约步行去距离单位只有 5 分钟路程的熟悉的饭馆，悠然地享受中午的时光。

然后你再次埋头开始下半天的工作，当时针指向下午 6 点，你还在某个会议室与同事为某个项目争论不休时，县城的人们也许早在 1 小时之前就已结束了一天的工作回到家中，或是约上几个好友在某个餐厅共进晚餐。

当你加班到夜里 10 点，拖着疲惫的身体坐着公共交通工具，

用一个多小时的时间回到家里时，县城的居民大部分都已进入了甜美的梦乡。

每天固定的事情，每天固定的路线，让下沉市场的用户的生活状态更像是已经确定了的剧本，按部就班地进行着"表演"。

上面的这段县城日常生活绝不是凭空臆想，而是真实来源于东北的某个县级市。习惯在都市生活的我们，有时候很难理解县城的那种安逸，但是很多时候又非常向往那种生活。向往那种不用地铁倒公交、公交倒地铁的交通和"长途跋涉"，向往那种不用担心堵车和没有人满为患的嘈杂状态，向往那种随时随地可以呼朋引伴的亲切，唯一不会向往的，可能就是每个月 2 000—3 000 元的工作收入。而那里的居民，似乎依旧在过着波澜不惊的生活。

◉总结·◦

下沉市场用户的生活状态，很多时候可以用"岁月静好"这 4 个字来形容，非常熟悉的生活环境，非常熟悉的"交际圈子"，非常熟悉的工作内容，在平淡无奇中显得有些乏味。我们经常用"一眼望到头"来描述这样的生活状态，在下沉市场中，这种情况一直在上演。

但是，平静之下孕育着风暴，固化的环境中隐藏着机遇。正是这种日复一日的生活复制，让下沉市场的用户群体期待着改变和惊喜，他们希望有不一样的生活姿态，有不一样的见闻，这就为企业开拓下沉市场提供了机会。在本书的第 3 章，我会重点针对三线及以下城市的用户进行系统分析，在这里不再讲述。

1.2.2 用户收入水平

■ 用户收入水平情况分析

根据 58 同镇发布的《2019 下沉市场用户调研报告》，75.67%的下沉市场用户月均收入在 5 000 元及以下的水平，其中，月均收入为 2 000—4 000 元的人群占 40.77%，这部分用户在下沉市场用户群体中占绝大部分。图 1-1 为 58 同镇《2019 下沉市场用户调研报告》关于下沉市场用户月收入的调研数据。由于四舍五入，数据总和与分项数据之和可能略有差异。

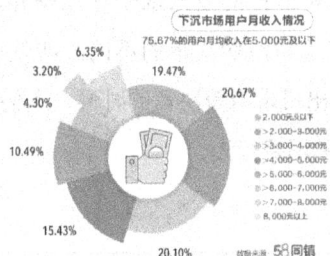

图 1-1　58 同镇《2019 下沉市场用户调研报告》关于下沉市场用户月收入的调研数据

我曾经抽样调研了 100 位县城居民的收入水平，其中包括工厂职工、公务人员、小商贩等不同的群体。各群体人均月收入水平的区间为 1 500—3 000 元，与 58 同镇发布的下沉市场用户调研报告中呈现的用户收入水平基本相符。

而在月均收入稳定性方面，国企和公务人员的收入因为工作性质较为稳定，而民营企业雇员和小商贩因日常经营情况不同，月均收入波动较大。当在大城市的正规公司工作的我们，习惯了每个月固定某天听到银行卡工资到账的信息的声音时，很难想象在某些县城和乡镇地区，依旧有很多人的工资是以现金的形式领取的；当我们中的很多人习惯了在大城市每个月领取上万元甚至数十万元报酬的时候，很难忍受每个月五六千元甚至一两千元的收入。

■ 不同的消费流程与消费决策

以购买一部价值 3 000 元的手机为例，对一线城市的大部分用户来讲，购买这部手机可能仅需一个星期的短暂思考时间，并且不会有太多的干扰因素；而对下沉市场的用户来说，可能需要花费 3—6 个月的思考时间。产生这些情况的根本原因，在于一线城市和下沉市场的消费群体的收入水平存在差异，这造成了他们消费过程中的消费流程和消费决策的不同。即使有同样的收入水平和收入能力，在做出日常消费决策的时候，人们也会受地域环境影响，从而产生不同的消费行为。

> **◉总结··◎**
>
> 不可否认的是，在下沉市场，你认为低级的形式，正是最有效的方式；你认为倒退的办法，正是效率最高的方法。
>
> 与一线城市的消费群体相比，下沉市场的用户群体人均收入相对较低，虽然伴随着城镇经济发展，下沉市场用户群体的收入也在不断地上涨，但与一线城市的居民相比，下沉市场用户群体的人均可支配收入还是相对较少。基于下沉市场用户的收入水平和现状，致力于推动下沉市场业务的从业者在制定下沉市场规划的同时，不得不考虑这部分消费群体的收入情况与自身产品的价格特点。也就是说，有必要考虑进入下沉市场的

产品对下沉市场消费群体是否具有必要性，同时，要考虑自身产品的价格体系，是否符合下沉市场消费群体的收入水平。只有当你的产品的价格设置与目标消费群体的收入水平达到一个和谐的比例时，它才更具有市场空间和想象空间。

1.3 下沉市场的消费分析

也许我们会认为，既然区县、乡镇的居民收入水平低，那么其消费水平自然也相对较低。其实这是一种主观臆断。虽然区县、乡镇居民的消费能力不能与北上广深等一线城市居民的消费能力同日而语，但是有其特殊的区域化和地域性特点。按照人均消费标准判断，区县、乡镇的个人平均消费水平与一线城市的个人平均消费水平可以说是一个天上一个地下，但是如果按照总体消费规模来衡量，区县、乡镇的消费规模足以让我们瞠目结舌。

1.3.1 消费规模和潜力

■ 全国城镇总体可支配收入及整体消费支出或更高

根据国家统计局公布的 2018 年中国统计年鉴数据显示，2017年全国城镇居民人均可支配收入为 36 396.2 元，其中现金可支配收入为 33 757.3 元，2017 年全国城镇居民人均消费支出为 24 445.0 元，其中现金消费支出 20 329.4 元。

以黑龙江省为例，根据国家统计局数据，2017 年黑龙江省人口总数为 3 789 万人，2017 年黑龙江省城镇人口约为 2 250 万人，城镇人口占比为 59.4%。按照全国城镇居民人均现金可支配收入为 33 757.3 元计算，2017 年黑龙江省城镇人口总体现金可支配收入约为 7 595 亿元人民币，按照全国城镇居民人均消费支出为 24 445.0 元计算，2017 年黑龙江城镇人口整体消费支出约为 5 500 亿元人民币。

同期，根据国家统计局数据显示，2017 年北京市人口总数为 2 171 万人，2017 年北京市城镇人口约为 1 878 万人，城镇人口占比为 86.5%，按照全国城镇人口总体人均现金可支配收入为 33 757.3 元计算，2017 年北京市城镇人口总体现金可支配收入约为 6 340 亿元人民币，低于黑龙江省 2017 年城镇人口总体现金可支配收入。按照全国城镇居民消费支出为 24 445.0 元计算，2017 年北京市城市人口整体消费支出约为 4 591 亿元人民币，同样低于 2017 年黑龙江城镇人口整体消费支出。

当然，以上只是一种非常粗略的计算方式和模型。根据国家统计局数据，2013—2017 年，城镇居民人均可支配收入有所增长，人均可支配收入的增长，带动了居民消费水平的增长。同时，随着区域一体化进程的加快，城乡之间的距离将快速缩短，省级行政区经济总量和一线城市经济总量的差距将继续缩小。

■ 下沉市场的巨大消费规模和消费潜力

直播带货的出现，更加凸显了下沉市场消费群体的巨大消费潜力。在 2019 年"双 11"期间，直播带货模式实现了全面爆发式增长，而其中下沉市场的消费亮点也开始显现。公开资料显示，在"双 11"的前 7 分钟，在拼多多平台，五菱宏光、上汽名爵、宝沃、观致、长安等 5 款被称为"国民车型"的汽车的销量突破了 800 台。在阿里巴巴平台，海尔、百雀羚、顾家家居等品牌的销量中，有 60% 的订单来自下沉市场。下沉市场为拼多多的成功贡献了绝大部分的力量，让拼多多在巨头林立的网络购物行业中，能够拼出一条"血路"，并且保持迅猛的增速。被媒体称为"下沉之王"的拼多多在 2019 年的财报中显示，其 2019 年全平台成交额突破万亿大关，平台年活跃买家数达到 5.852 亿。这也从侧面印证了下沉市场的巨大消费规模和消费潜力。

◎ 总结 ··◦

　　当我们的目光一直聚焦在大都市的市场规模时，那些我们不曾重视的区县正高速向前。当我们在一个拥有千亿元消费规模的城市奋战，并深陷泥潭之时，我们却忽视了十数个或者数十个同样具备千亿元消费潜力和市场规模的地区。

　　城镇居民人均收入水平和人均可支配收入的提高，带动了三线及以下城市消费市场的快速发展。随着城镇居民的生活环境和生活方式的不断改变，下沉市场的消费群体对个人消费和群体消费的消费观念同样在不断地变革和迭代。这就为企业和产品开拓下沉市场提供了丰富的市场空间和市场潜力。

1.3.2 消费群体的观念

■ 消费群体年龄层次的变化对消费观念的影响

下沉市场消费群体的年龄层次有了很大的变化。在北上广深等一线城市，25—45岁的人群为主流消费人群；在移动互联网行业，大部分移动互联网产品以18—35岁人群为主流用户群体。我们都在挖掘年轻用户群体的价值，千方百计地聚拢年轻用户群体。但是当我们走进县城，走进乡镇，走进农村，是否会忽然发现，之前的那一套互联网的方法，在县城运用的时候却显得不那么灵验了。

当你搭建了一个酷炫的舞台，请来了充满动感和激情的乐队，鼓声响起时，你放眼望去，发现台下坐着的大部分人是跟你的父母同龄的叔叔阿姨；当40—60岁年龄段的人群成为区县、乡镇的主要消费人群，当自诩科技感十足的互联网产品闯进为几毛钱的菜价都斤斤计较的消费用户群体时，当熟人经济和固化消费习惯支撑着常住人口为十几万至二十几万人的县城时，移动互联网产品的市场人群和消费人群，似乎都在潜移默化地随着下沉市场改变。

■ 下沉市场的消费群体在衣食住行方面更敢花钱

一线城市的居民虽然平均收入水平高，但是除了未婚的年轻群体具有超前消费观念之外，更多已婚家庭的居民却是谨慎花钱的。这是我对目前区县、乡镇居民和一线城市居民的消费观念的见解。虽然区县、乡镇消费者很少会花上千万元去购买一套房产，但是他们在衣食住行等方面的消费丝毫不亚于一线城市。"穿貂挤公交车"这句某地流行的笑话，在一定程度上反映了区县、乡镇居民的消费观念。

区县、乡镇的居民虽然平均收入水平低，但是在衣食住行方面敢花钱。

以烧烤为例，在北京，10个人吃一次烧烤一般大约花费1 000元，而我曾在河北某县城，同样一行10人吃一次烧烤，点的东西丰富程度高，酒水与在北京时的类似，总消费近2 000元，比北京高了近一倍。这是一次让我记忆深刻的经历，据当地朋友介绍，4个人在高档餐厅聚餐一次，人均消费普遍在500元以上，而在北京，在同样标准和档次的餐厅，人均消费大概只有200—300元。这都是我亲身体验的县城与一线城市的消费水平。

■ 下沉市场消费群体更偏好餐饮消费

从58同镇发布的《2019下沉市场用户调研报告》中可以清晰地看到，餐饮食品、生活用品、服装鞋帽3类消费场景为下沉市场用户主流的线下消费场景，这也说明下沉市场用户在消费类型上面更加倾向于日常生活消费。而餐饮食品在下沉市场中，无论是在消费规模还是在消费频率方面，都远远高于其他的消费场景。

"下馆子"是下沉市场用户首要选择的线下消费场景，用户的兴趣程度和频率显而易见地高于其他类别。同样，在餐饮方面，下沉市场用户的花费更是高于其他消费场景。图1-2展示了58同镇《2019下沉市场用户调研报告》中关于线下消费场景的调研情况。

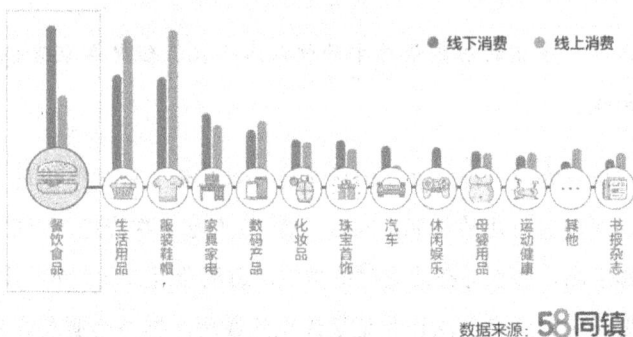

数据来源：58同镇

图 1-2　58 同镇《2019 下沉市场用户调研报告》中关于线下消费场景的调研情况

■ 下沉市场活动的推广方式更侧重"直接"和"实用"

目标消费人群的消费观念不同，相应的活动推广方式也会不同。在活动推广方式方面，下沉市场有更直接、更实用的特点。

你用各种专业的词汇为乡镇居民解读绿化的意义和保护环境的重要性，达到的宣传效果远远比不上在村头的某户房子的外墙上面用油漆写上"多种树"，后者给人以视觉的震撼，进而深入人心。

也许做移动互联网的我们已经习惯了花 1 万元通过某个线上渠道吸引用户。对于下沉市场，用 5 000 元钱买几箱鸡蛋换用户却更加实用。与其将 10 元钱以红包的形式发给用户以期望他下载、使用你的产品，不如用 2 元钱去买 1 瓶矿泉水，告诉他只要按你的流程下载产品就可以免费获得这瓶矿泉水。那些我们曾经嗤之以鼻的宣传方式，正在推动着更多的移动互联网产品占领区县居民的生活，进而改变他们的日常。

不同宣传方式带来的结果，本书会在 2.1.1 小节中详述。

■ 下沉市场的消费升级

下沉市场的消费升级已经被大家公认，庞大的消费市场孕育着让人垂涎的无限商机。而城镇居民收入水平的不断提高和其居住地相对低廉的物价，给予了下沉市场居民更多的可支配收入。电动牙刷等相关新兴智能设备产品都在下沉市场受到热捧。聚划算"618"购物节就进行了大胆的尝试，将行业内的主流品牌通过其平台引入三线及以下城市，其中不乏国际知名品牌，从而创造了多个销售奇迹。

更多的知名品牌需要三线及以下城市居民的购买，更多的三线及以下城市用户需要体验更高端的产品、服务，而移动互联网可以成为二者之间的媒介，去搭建一条共赢的桥梁。

◎总结 ·◦◦—————————

俗话说，士别三日当刮目相看，对人如此，对事亦如此。我不是经济学家，不会去刨根问底地研究数据的客观性。但是我们不得不承认的一点是，随着中国经济的快速发展，占据全国大多数地区的 2 800 多个县级行政区划单位的普通居民，已经不再是我们印象中的样子。他们早已为推动国民经济的发展和国民消费结构的变革贡献了极大力量，成为我国国民经济发展的重要推动力量和国民消费的生力军。

当北上广深等一线城市的居民早已对移动互联网产品司空见惯时，遍布全国的数亿的小镇居民，注定将成为移动互

> 联网产品用户的未来增长点。下沉市场超乎想象的消费潜力、客观存在的消费规模，使其能够成为移动互联网行业未来的"战场"和增长引擎。

1.3.3　消费群体的三大特征

作为国内的电商巨头之一，京东近年来不断在下沉市场进行布局。在2019年"双11"之前，京东陆续发布了打造超级购物盛宴、供应链整合创新、惠及下沉新兴市场三大战略。其中，作为京东下沉战略的主力军，旗下社交电商平台"京喜"取得了骄人的成绩。公开资料显示，京东全站新用户有近4成来自京喜，而京喜的新用户中，超过75%来自下沉市场。在2019年"双11"期间，京喜的整体下单量环比上个月增长3倍。

而对切入下沉市场时间更早的电商巨头阿里巴巴来说，在过去的两年时间里，淘宝、天猫新增用户超过2亿，其中超过70%来自下沉市场，在实现自身产品用户数量增长的同时，也带动了阿里系其他产品用户数量的同步增长。

经过调研分析，下沉市场的用户主要有以下3个显著特征。

■ 熟人社交，娱乐消费

区县消费者的消费市场相对局限，了解新鲜事物多通过熟人推荐。我们很难将其称为消费闭塞或者说是消费狭隘，但是在这部分市场，家族消费、亲友消费、固化消费是客观存在的。

以聚划算为例，用户在其中可以与亲朋好友一起抢好货、领红包，聚划算在激活这部分用户群体的关系网的同时，也加速了区县关系网的进一步融合。赢得用户的信任感并建立存在感后，聚划算以熟人社交为依托，以消费社交和娱乐社交为纽带，创造了一系列的销售奇迹。

■ 品牌导向，从众心理

当一个众人皆知的品牌和一个知名度很低的品牌摆在区县的消费者面前时，在价格和质量相差无几的情况下，品牌就成为消费者选择的首要依据。"面子"是大部分人都非常在意的东西，而消费观念和消费行为也受到"面子"的影响。

■ 渴望新颖，追求性价比

区县的生活有的时候很乏味，可选择的娱乐方式相比大城市非常有限。我依然记得在某县城，当共享KTV第一次出现在这个城市的商场时门外排起的长龙，这让人怀疑共享KTV是不是可以免费体验。丰富用户的生活，激发消费者的兴趣，是让区县居民爱上产品的关键点。

同时，产品价格是否与区县居民的收入水平相匹配，也成为能否吸引下沉市场消费者持续关注产品的决定性因素。毕竟在一个人们习惯了低价消费的地区，性价比依旧是消费者心里的秤。

◎总结··◦

基于下沉市场用户消费的熟人社交，娱乐消费；品牌导向，从众心理；渴望新颖，追求性价比这3个显著特征，我们必须在进入下沉市场前针对产品进行充足的调研和分析，结合产品特点和市场用户特点，制定基于熟人圈层的裂变策略，思考如何更加精准地在下沉市场树立产品品牌形象。同时，下沉市场的用户具有追求性价比的特点，这就要求进入下沉市场的产品在保证质量和体验优势的前提下，具有符合下沉市场用户消费能力和竞争优势的价格。让消费者看得见，说得出，买得起，也是产品打开下沉市场最直接的市场基础。

1.4　移动互联网公司的渠道下沉方式

无论是 58 同城重磅推出 58 同镇业务，还是阿里乡村在全国乡镇范围内"开疆拓土"，我们都可以看到移动互联网行业正在下沉市场领域不断地布局和耕耘。京东到家的"百城万店"营销策略，趣头条、快手、水滴筹等手机应用在下沉市场取得的骄人成绩，都不断向我们传递着一个信号：移动互联网行业正在全面试水下沉市场。从在线生活到在线娱乐，从在线知识到在线出行，从本地生活到本地服务，从综合平台到垂直领域，从行业巨头到创业团队，下沉已经成为各企业正在布局和实施的战略级规划。移动互联网行业在下沉市场需要建立全新的产品渠道。

■ 全新的产品渠道——服务员

我来自东北的一个县城，2017 年春节回家，跟朋友在一家餐厅吃饭，一名服务员在给我们上完菜后，跑过来掏出手机跟我们说，能不能帮她关注一个教育类的小程序。大家都是这家餐厅的常客，这家餐厅在当地也是一家老店，况且这位服务员也已50多岁，大家就纷纷拿起手机去扫描二维码关注并注册。出于职业敏感性，我扫描二维码之后打开小程序一看，发现是一个做K12（Kindergarten through twelfth grade，代指基础教育）的小程序（目前该企业在国内颇具实力，完成了上亿的D轮融资）。要知道，在一个人均收入在2 000—4 000元的县城，一个服务员每个月通过推广小程序能额外获得几百元甚至上千元，这对于他们来说是一笔很大的收入。

当地的餐厅，就是互联网产品渠道下沉的场景之一，而服务员，就是你的推广渠道。

■ 全新的产品渠道——县城中心

同样是这个县城，在县城的中心有一个广场，县城有两条主干道，而这个广场就坐落在这两条主干道的交叉位置。广场旁边是一个大型的超市和购物商场，这个县城南来北往的人群都会经过这个商场。一到晚上，各个广场舞舞蹈队都会集聚在这个广场上载歌载舞，本地的居民也会在这个广场遛弯、聊天。这个广场，就是这个县城的中心点，当地所有的营销活动都会在这个广场上举行。

单个区县人口在十几万人到几十万人不等，如果单看这个数字，这个市场似乎可以忽略不计。但是，如果将所有十几万人到几十万人的区县看作一个整体，当2 800多个区县汇集到一起，那么这个市场的潜力就非常大了。同时，区县的另外一个作用，是聚拢全中国最基层的来自39 800多个乡镇的消费群体。

每个县城如同一个中心点，2 800多个县级行政区划单位将全国的 39 800多个乡级行政区划单位牢牢地聚拢在行政地图上，在构建了自上而下的行政管理体系的同时，也为商业市场呈现了一个有规律、有节奏、有方向的市场渠道脉络。

放眼全国的县城，你会发现在每一个县城都会有这样一个中心广场，一个本地居民经常聚集的场所。我曾安排团队在北方的某个县城做过这样一个测试：在当地的县城中心广场，摆摊推广一款电商 App，时间为晚上的 7:30—8:30。1 小时的时间，扫码注册的用户数量达到 1 000 以上，而成本是 1 000 多瓶矿泉水，注册即送 1 瓶矿泉水，单个用户成本 2 元。要知道，在校园内部进行地面推广的成本如今最低也至少为 15 元一个人。

县城中心广场，同样也是互联网产品渠道下沉的场景之一。

■ 下沉——移动互联网未来发展的大势所趋

对于县城，我们中的大部分人都不会陌生。之所以将其称为下沉市场，只不过是为我们去开拓这个市场提供一个可以具体化的名词。在下沉市场里，有千百种用户场景，有成千上万家中小企业，有以亿人为单位的乡镇居民。无论是通过传统的线下推广，还是相对缓慢的政企公关，毋庸置疑的是，借助着乡镇居民不断更新的消费观念，依靠着飞速发展的县域经济，凭借着国民经济的飞速增长和人均收入水平的提高，下沉市场于移动互联网行业而言，是一线城市市场流量的补充，更是行业未来发展的大势所趋。

移动互联网产品在一线城市出现流量饱和已经是有目共睹的

事实，而三线及以下城市的市场对移动互联网产品的了解在一定程度上还处在待开发的阶段。

⊙ **总结** ··•

1. 由于传统互联网渠道模式的获客成本不断增加，移动互联网行业的市场从业人员需要找到一种全新的，或者说是需要找回那些相对原始的方式去突破流量瓶颈。

移动互联网的出现和腾飞，让人们的生活更加便捷与高效。而让我国更广泛的群体在移动互联网中获得更多的美好体验，对移动互联网产业来说具有更深远的意义和价值。下沉市场会让更多的县城居民感受到移动互联网的魅力，让更多的消费者购买到性价比更高的产品。在推动和见证中国基层市场飞速发展的同时，下沉市场将见证移动互联网的下一个20年。

2. 58同镇作为下沉市场方面的先行者之一，在下沉市场的开拓中取得了非常不错的成绩。通过其遍布全国的渠道网络我们得以接触更多的基层乡镇用户群体，为研究下沉市场用户获取了更为丰富和真实的资料，并且所收集到的数据对我们研究乡镇用户具有非常大的参考价值。在本书第1章的撰写过程中，58同城和58同镇官方在数据和案例方面给予了大力的支持。同时，58同镇于2019年发布的《2019下沉市场用户调研报告》，从更多的维度为我们展示了下沉市场的真实画面，推荐读者仔细阅读该报告，该报告可为大家了解下沉市场用户提供更多参考。

第 2 章

渠道建立

只有走近，才能走进

我们一直在探讨下沉市场的运作模式，期望能够找到一种最便捷、最有效、成本最低的下沉手段。而渠道，作为产品到达用户的媒介，注定将成为打通下沉市场的基础和核心。

下沉市场，首先必须满足的是渠道下沉，无论是让产品搭乘某个平台的通道抵达某个区县，还是通过自己建设的"高速公路"在下沉市场让产品大范围流通，都离不开渠道这个媒介的推动。

如果说，移动互联网的产品是乘客，那么，全国 2 800 多个县级行政区划单位就是 2 800 多座车站，下沉市场的用户就是产品的目的地，而渠道，正是连接乘客与目的地的高速公路。乘客想要抵达一个个目的地，就需要借助高速公路的力量。建设一条适合产品的下沉市场的高速公路（渠道），就自然成为开启下沉市场战略布局的前提和重心。只有我们搭建了顺畅、平坦、安全、扎实的公路网络，将我们想要链接的区域进行系统化的串联，渠道下沉才能有一个基础保障。路通，则业兴。

本章我将结合个人实践和调研的经验，针对"渠道下沉"这个内容，从"见证下沉市场的渠道宣传差异化和产品契合点""制定渠道下沉的体系化策略及模式""渠道下沉的因地制宜及十六字规划与思路"等模块为大家进行系统介绍。

2.1 入口：揭开面纱，见证市场

当我们习惯了通过某个应用市场的渠道投放预算或者其他资源去换取用户，习惯了坐在电脑面前盯着用户新增和活跃数据曲线的波动，习惯了以新媒体、自媒体等移动互联网形式作为渠道，习惯了谈论直播等各种移动互联网新兴概念时，在下沉市场，迎接我们的却是不一样的光景。很多时候，做下沉市场的我们会有一种错觉：我们不是互联网行业从业者，而是传统行业从业者。

2.1.1 探究渠道宣传的差异化

身处移动互联网行业的我们，很多时候容易被眼前的现象迷惑，总是认为移动互联网的某些工具是万能的。

■ 下沉市场中线下流量的重要性

我不否认移动互联网平台的作用和价值，但是具体事情具体分析，在某些地方，某些民众对移动互联网产品还处于被教育的阶段，他们的思维和接受信息的渠道，依旧是经久不变的传统模式。

在传统的移动互联网行业，如果说应用市场、新媒体、自媒体等工具是移动互联网产品线上流量的承载体和渠道宣传的主要路径，那么每个县城的中心广场、汽车站等，便是移动互联网进行渠道下沉的线下流量承载体。

我们不能否认线上流量平台的作用，但是也不可低估线下流量渠道的价值。

■ **在下沉市场，不同的宣传方式带来不同的结果**

1. 概述线下宣传页与线上公众号的不同

一个拥有千万名粉丝的公众号自媒体，和一个手握 1 000 张宣传单站在县城中心广场派发传单的人对比，虽然二者宣传的是同一个内容，但采用了两种截然不同的宣传方式，派发传单的方式会带来更好的宣传效果和影响力。

你耗费巨资买来了一车矿泉水，然后摆上你引以为傲的 App 的下载二维码或公众号二维码，期待着这一车矿泉水能够让你的流量暴涨，最后你会发现，整整 1 小时过去了，你都在向用户解释怎么通过微信扫描二维码，以及应用市场是什么这样的问题。1 小时里你只成功令 10 个用户下载了你的 App 或关注了你的公众号。

不是现场参与的人员兴趣不高，而是因为消费观念不同，其中的时间成本和教育成本实在难以预料。

2. 举例：不同超市优惠政策的不同效果

你在某个县城开了一家超市，你满心欢喜地为超市开通了专属的微信公众号，定期在微信公众号上发布一些优惠活动，期望当地的居民能够随时随地了解超市的动态，进而实现引流到店带动用户消费的效果。虽然这是一个非常好的宣传方式，但是1天、2天、3天之后，你发现你的微信公众号只有几个人关注，并且超市的客流量也没有达到你的预期。

相同的县城，相似的超市，不同的营销方式取得了不同的效果。

同样是这个县城，你的竞争对手紧随你之后在离你的店不远处也开了一家同样规模的超市。在开业前一天，你的竞争对手印制了数万份的宣传单，"新店开业，全场八折"的宣传语特别显眼地印在宣传单的正面，精选粮油调味品、零食及其他生活用品的市价和折后价也醒目地印在宣传单页上。你的对手发动员工将这数万份宣传单在县城的各个住宅小区发放，发放方式简单粗暴：直接将宣传单页插在每户人的门把手上。一天的时间里，基本上该县城的主要住宅小区的家家户户都收到了一份"新店开业，全场八折"的宣传单。超市开业当天，人潮涌动。

这个故事真实发生在某个常住人口为15万人的县级市。

我们不去评价这两家店的老板的思维模式和方法的可行性，以及他们是否为做生意的"材料"。单从他们采取的方法分析，显然后者比前者更懂得县城居民关注的点在哪里，以及他的客户适用于什么样的宣传方式。而前者虽然具有新媒体思维，但是一求便捷，二求低成本，连目标客户都没有找到，自然不能达到理想效果。

如果将两种方式进行有效结合，会不会产生更加持久和有效的渠道推广方法？答案是肯定的。

在渠道下沉的过程中，我们面临的是更加多样和复杂的渠道方式和宣传方法。使用不同的渠道方式和宣传方法，所取得的预期结果是不同的。这要求我们在推动渠道下沉的过程中，需要针对不同类型的产品、不同城市的环境、不同人群的特性，选择不同的渠道搭建模式和宣传方式。根据不同渠道宣传方法的特点，选择合适的渠道方式和宣传方法，将是我们开展渠道下沉的首要工作。

2.1.2 找到下沉产品的契合点

市场下沉，首先是渠道下沉。渠道下沉是市场下沉的基础，而产品，则是下沉市场与下沉市场的消费群体之间最好的媒介。

无论产品是一个O2O（Online to Offline，线上线下一体化）产品，还是一个简单的App，下沉市场消费群体对产品的感知，全部源于你提供的产品和服务的本身。所以，挑选出契合下沉市场用户的产品是非常重要的。

产品是否适合做下沉市场，这是你将一个互联网产品引入下沉市场之前需要思考的问题。产品的属性和价值、服务和功能能满足下沉市场用户的需求这一点至关重要。当产品需要下沉市场的时候，我们也需要反向思考，下沉市场的消费群体是否需要这个产品。

打造一个适合产品的下沉渠道，有利于将产品顺利地传送到目标群体中，挑选出契合下沉市场用户的产品是产品在区县落地生根、开花结果的前提，是实现产品的有效传播和稳定传输，进而推动市场下沉全面战略实施和获得预期收益最关键的环节之一。

■ 不是所有产品都适合做下沉市场

我们经常跟风去模仿某种模式和概念，例如"下沉市场"这个概念出现，当大家都将目光聚焦到"下沉市场"这个事情上时，我们是否反思过一个问题：我们的产品，适合做下沉市场吗？

虽然我一直宣扬的一个理念是"无产品，不下沉"，基本含义是没有不适合做下沉市场的产品，下沉市场可以实现所有产品的价值，但是我们依旧要保持一个清醒的状态：你的产品与你的公司，与我们所说的下沉市场可能存在匹配度的问题。

以运动健康产品为例，随着我国经济的高速发展，人民消费水平不断提高，国家出台"健康中国"等政策，下沉市场必然与运动健康产品形成高匹配，成为它的助推器。当一线城市的流量饱和，三线及以下的县城乡镇居民的业余文化生活需求和运动健身意识正在不断被唤醒之时，将运动健康产品作为启动下沉市场的策略，就可谓是有天时地利人和了。用科技手段为城镇居民的运动健康提供助力的渠道下沉方式，可在一线城市流量"红海"的情况下，再次打开蓝海市场，实现"井喷"效应。

但是，若产品是团购产品或生鲜产品。在一个只有十几万人或二十几万人的县城试水这类产品的渠道下沉时，我们是否需要在心里打一个大大的问号？当熟人经济或惯性消费成为大部分县城的普遍现象，居民对本地的商家如数家珍，商家老板自创的优惠活动力度高于团购，本地社群营销已经足以覆盖大部分当地居民时，团购产品的下沉，是否会遇到强大的阻力？当本地居民出门走几分钟就能采购到丰富的生鲜产品时，用户是否还会选择需要等待几天的时间才能收货的线上平台？如果地方的生鲜产品价格甚至略低于线上平台的价格，那么消费者最终的选择，我们可想而知。

◉总结·○

不是所有的产品都适合做下沉市场，产品的目标群体、市场定位、价值判断，都与下沉市场的市场环境息息相关。在进入下沉市场的过程中，我们可以基于产品制定下沉市场策略，同时也可以基于下沉市场的产品机会，定向推出一款适合下沉市场用户的产品，前者是产品需要通过下沉市场获得收益的增长，后者是下沉市场的用户需要创新产品提供服务。无论怎样，产品与市场、产品与用户的匹配，在下沉市场显得非常重要。同样，适合做下沉市场的产品更加需要一套完整的体系进行支撑。路通，则事顺。

案例分析：水滴公司在下沉市场的边缘创新

作为一家网络健康互助平台，水滴公司成立于2016年，并于2019年成功完成了10亿元的C轮融资，创下了2019年上半年互联网健康险与健康保障领域融资的最高纪录。作为一家新晋的独角兽企业，水滴筹和快手、拼多多、趣头条平台被媒体合称为"下沉市场四大天王"。

■ 下沉市场将是水滴公司下一步的战略目标

作为水滴公司创始人兼首席执行官的沈鹏，在 2019 年年初曾经表示，服务范围"下沉化"是水滴公司 2019 年的战略方向之一。水滴互助负责人胡尧也表示，下沉市场将是水滴互助下一步的战略目标。据公开资料，截至 2019 年 6 月，水滴互助拥有超过 7 000 万名会员，已经为 3 900 多名会员赔付了超过 5.4 亿元的互助金。水滴互助超过 70% 的用户来自三线及以下城市，这是一个非常令人震撼的数据。

无论是在产品创新上，还是在市场策略上；无论是在品牌战略上，还是在运营模式上，我们经常会陷入一个怪圈：看见某一家企业做了某一件事情获得成功，便非常急迫地也模仿着跟随，结果往往是一败涂地或者无疾而终。因为我们只看到了别人的成功，却没有去深入地了解自己的产品和业务，是否适合用同样的方式去做。这是一个非常重要的问题。

沈鹏在接受某媒体采访时称："水滴公司做下沉这件事情，是从战略往下延伸的一个结果，不是为了做下沉市场而下沉市场。"不是为了做而做，而是市场需要所以做。

■ 下沉市场为保险业务提供广阔的市场

与一、二线城市的居民相比，三线及以下城市居民的保险意识相对单薄，而下沉市场也是很多保险巨头一直忽视的一个市场。在下沉市场，商业保险的普及率和覆盖率远远低于一、二线城市，同时，下沉市场的人均收入与一线城市的人均收入相比较低，很多基层的居民家庭，因一人生病而全家转贫的现象不断地发生，这种情况在为商业保险提供了极大的市场空间的同时，也为网络健康互助提供了生长的环境。

■ "边缘创新"及其模式复制在下沉市场"开花结果"

2014 年的"红包大战"，让微信的社交网络不断下沉，也是从那个时候开始，许许多多的下沉市场用户开始被移动互联网产品覆盖，很多县城的城市家庭和个人用户组建了自己的家庭群、老乡群、同学群、小区群等。这种现象被沈鹏称为"边缘创新"的机会。所以，水滴公司在发展路径中，不断复制"边缘创新"模式，在 2016 年水滴筹正式上线后，"边缘创新"也被团队发挥到了极致。

水滴公司以微信为承载平台，通过一系列的渠道手段和运营手段，在下沉市场建立了包括筹款、互助、商业保险等不同类型的社群组织，以水滴筹 + 水滴互助 + 水滴保为系统的保障体系，在下沉市场全面"开花结果"。

◎总结·○

水滴互助公布的数据显示，"下沉"是水滴公司用户画像的鲜明特征：76% 的筹款用户来自三线及以下城市，72% 的捐款用户来自三线及以下城市，77% 的互助用户同样也来自三线及以下城市。这是一个有明显指向性的数据，我们可以从中得出一个结论：水滴公司的成功，很大程度上得益于下沉市场的红利，得下沉而得水滴。

2.2　走近：制定策略，形成体系

无规矩不成方圆，无体系不成未来。从业 10 年，在着手做每一个事情之前，我都会系统地研究这个事情的来龙去脉和前因后果，针对所了解的信息和汇总的材料，勾画出这个事情的体系结构。

从过去到未来，从开始到结束，从上至下，从远及近，怎么开始，如何引爆，在每一个时间点达到什么样的预期，在杂乱中清晰地看见这个事情的脉络，使之杂而不乱。只有这样，我才会对做一件事情更加有把握和自信。

俗话说，文化决定底蕴，底蕴影响格局，格局决定眼界，眼界铸就未来。如果我们在着手做一个事情之前，不能够从全局出发，站在一定的高度去看这个事情，不能从整个体系的角度全面地思考，就不能拥有在宏观的维度实现战略目标的思维。制定策略、形成体系，必须以战略思维为基础。

2.2.1　渠道下沉的搭建核心及投放方式

在进行渠道下沉的动作中，制定系统化、科学化、可持续化、性价比高的渠道下沉市场策略，是完成渠道下沉必不可少的一步，也是所有事情的基础。一个完善的渠道下沉策略，不仅影响着整个市场下沉的战略布局，同时决定着具体执行的结果。就像建造一栋大楼，地基的牢固性直接影响着大楼的使用寿命和安全程度。

战术源于战略，万变不离其宗，只有制定全面系统的战略，才能基于此制定科学有效的战术方法，从而实施精准打击。而在战略规划的基础上，制定科学严谨的策略，是实现战略目标最重要的环节。如果说战略属于宏观规划层面，战术属于微观执行层面，那么策略就是二者之间的纽带和说明，让战略更加具体、让战术更加充实。

■ 搭建下沉渠道的 5 个核心问题

2020 年新年伊始，作为国内下沉市场的标杆产品，58 同镇通过其遍布全国乡镇的站长体系进行了一场规模浩大的信息收集和发布活动，同时一些区域的相关职能部门也通过 58 同镇站长系统收集当地信息。58 同镇通过自身的体系和能力，为乡镇地区的具体工作贡献了重要的力量。以庞大的下沉渠道体系辅助移动互联网产品，58 同镇发挥了巨大的作用，不得不让我们对下沉市场的渠道网络感到惊讶。

搭建下沉渠道，最核心的问题依旧是 3 个字：人、财、物。展开来说，就是要多问自己几个问题。

（1）你的产品是什么？

（2）你的受众是什么？

（3）你的产品和你的受众之间的关系是什么？

（4）你想要做多大？你期望的投入产出比是多少？

（5）你希望自力更生自主创业，还是借花献佛借势而为？

以上 5 个问题，应该是所有想要做下沉渠道的从业者需要不断问自己的问题。我也经常这样扪心自问，只有反复地思考这些问题，才能在推动渠道下沉的过程中不被干扰。三思而后行，说的亦是这个道理。

■ 渠道搭建后的投放方式

我们都非常清楚，在传统的移动互联网流量获取流程中，如何布局线上流量渠道，如何选择投放渠道和投放方式，如何以低成本通过不同方式获得用户，是考验一位渠道人员最基本素质的问题。每一位从业多年的移动互联网渠道工作人员，都会运用一套线上渠道系统方法论去获取流量，该方法论包括自己的经历、人际关系、资源以及自己遇到过的一些问题等，这些都会成为自己最宝贵的职业财富。

而当我们离开了熟悉的领域，即离开了熟门熟路的应用市场和渠道，离开了了如指掌的投放策略和竞价标准，离开了烂熟于心的专业术语和路径，面对相对传统的行业渠道，我们该用什么样的方式去对待？我相信这是所有致力于开拓下沉市场，搭建下沉渠道的移动互联网人在迈出第一步的时候最先思考的问题。

而这个问题的答案是，"接地气"及地面推广。

做好渠道下沉，最重要的是8个字："放下姿态，弯腰低头"。

移动互联网产品进行渠道下沉的布局，首先需要解决的是这个行业的产品和从业人员"接地气"的问题。我们不可能坐在办公室里就能制定出渠道下沉的策略，也不再可能只依靠办公软件就能实现渠道下沉的目标，而是需要脚踏实地地躬身入局，亲自去实践，亲自去行动。在渠道下沉的过程中，地面推广是一个不能避免的工作，或者说是渠道下沉最重要的工作。这就需要渠道下沉工作人员改变自己的谈吐作风，改变自己的穿衣风格，以更亲切和落地的形式，去拥抱你的目标市场。事必躬亲，是渠道下沉人员必须具备的职业素养。

案例分析：轻喜到家以渠道下沉实现用户增长

轻喜到家是一家成长于深圳，以互联网到家服务为主要业务的创业公司。自 2015 年成立以来，它已在深圳、北京、上海、杭州、重庆、长沙、东莞等近 200 个城市完成落地运营。在轻喜到家的市场运营策略中，渠道下沉是一个我认为非常值得借鉴的内容。

■ 地推是轻喜到家的主要用户增长模式

我们知道，家政公司的业务模式既简单又复杂，简单的地方在于只需为家政服务人员和消费者搭建一个高效并且有保障的接治平台，而复杂的地方在于，无论是专业的家政服务人员，还是居民消费群体，都很难通过一些常规的互联网产品投放策略来满足需求。而根据我对轻喜到家的多方面了解，轻喜到家在获客方面，除了传统的移动互联网策略外，主要以客户经理地面推广的方式进行，"居民社区运动战"便是其主要的渠道推广思路。

作为一个 A 轮的创业团队，在团队人数只有 300 多人的情况下，客户经理就达到了 130 余人，占整个团队人数规模的 43% 以上。依赖客户经理做市场增长，是轻喜到家的用户增长模型非常有特点的一个环节。客户经理扎根于一个又一个居民社区，运营团队为客户经理提供营销裂变的工具，客户经理以"入户拉新""1 元拼团""老客推荐"等各种方式进行用户拉新，目标精准、策略完善，使轻喜到家的新增用户成本和转化成本远远低于互联网行业的用户拉新成本。

■ 细节：地面推广人员（客户经理）的工作性质

在调研轻喜到家的渠道推广模式的时候，我特别关注了一个细节：地面推广人员（客户经理）的工作性质。因为很多互联网公司，在进行地面推广的时候往往招募兼职人员，或者以合作外包的方式进行，而轻喜到家恰恰例外，所有的客户经理都是公司的正式员工，这也保障了整个渠道的稳定性和有效性。

用非互联网思维去研发一款互联网产品，以互联网工作方式来做一个非互联网化的渠道，我们可以说这是一种跨界思维或者说是"降维打击"。但是在以结果为王的商业环境下，轻喜到家以低成本完成了用户的不断增长和市场开拓，同时实现公司的利润模型的增长，这就代表他们采用的渠道下沉方式是成功的。

◎总结·◦

身处移动互联网行业的我们，每天都会接触一批新的概念、理论、词汇等，而当你真正要走进下沉市场时，就要将自认为"高大上"的东西暂时收藏，以一种最接地气的方式去拥抱你所要"战斗"的市场。将自己融入这个县城的生活，把自己当作这个县城的居民，去感悟这个县城的日升日落、人来人往。只有这样你才能明白，你的产品与这里的居民的关系，你的产品能为这里的居民带来什么，找出产品与居民之间的纽带，最后达到你到这里的目的，实现共赢。

2.2.2 渠道下沉体系建立的策略：线上＋线下

一个完整的下沉渠道体系是开展渠道下沉必不可少的内容。渠道作为产品抵达用户的通道，是无论针对什么产品进行市场营销推广都需要考虑的问题。而下沉市场环境的复杂多变，更要求我们在搭建下沉渠道的过程中，必须保障渠道体系的稳定性和可持续性。基于此，策略及模式在搭建下沉渠道体系的时候就显得尤为重要。

下沉渠道体系，在策略上主要分为线上渠道和线下渠道两种，它们是相辅相成的。接下来，本书将详细分析两种策略，并在2.2.3小节中分析如何使用两种策略及两种模式打造更加体系化的下沉渠道。

■ 线上运营：潜力分析及构建私域流量池

1. 线上运营的潜力分析

移动互联网行业从业人员对线上运营方式早已司空见惯，随便一位从业者都可以说出几十个甚至上百个线上运营的种类。低成本、轻资产、高回报，是大家在进行线上运营时会关注的重点。

在很长的一段时间中，移动互联网行业中流行"一个App打天下"的说法，太多的创业者依靠一个App创造了造富神话。与线下高投入、重资产相比，线上的运营方式试错成本相对较低、投入相对较少，非常适合无启动资金，或启动资金较少的移动互联网行业创业者。

在互联网产品"井喷"的今天，线上运营方式似乎早已显现出了疲态。千篇一律的运营手段，盲目无趣的跟风操作，用户早已对此司空见惯，不再心动。靠一篇推文或一张电子海报很难再吊起用户的胃口，流量的真实性和稳定性更是考验着线上运营人员的功力。

即便如此，在全国2 800多个县级行政区划单位，线上运营依旧有非常大的潜力和空间值得挖掘。微信和今日头条等自媒体的崛起，让更多的地域性公众平台成为当地居民获取信息的重要渠道，如刷头条成为三线及以下城市居民的重要娱乐方式，而每个县城都有某个微信公众号过五关斩六将成为当地的主流公众平台。这些平台也会成为我们触达县城居民的线上工具。

2. 构建下沉市场层面的私域流量

最近两年移动互联网行业经常提及一个词——私域流量。私域流量是相对公域流量来说的一个概念，指不用花钱，可以不受时间、空间的限制，直接抵达用户的渠道，比如自媒体、微信公众号等，也就是KOC（Key Opinion Consumer，关键意见消费者）可接触到的圈层。在很多时候，私域流量是社交电商领域的一个概念，但是在渠道下沉的线上渠道运营模式中，私域流量也是一个非常好的选择。地方的自媒体账号，家族或者小区的社群，某一个领域的KOL（Key Opinion Leader，关键意见领袖），都可以成为渠道下沉的线上渠道。

构建下沉市场层面的私域流量，是搭建下沉市场层面线上渠道的非常有效的方式。

在构建下沉市场私域流量的过程中，同样有两种方式可以供我们选择：自建私域流量池和整合私域流量池。

1. 自建私域流量池

自建私域流量池需要先搭建一个系统化的社群运营体系。当我们说到社群运营时，其实谈论的不仅是一个又一个的群组，更多的是从用户运营的角度，去谈论社群运营的价值和意义。

从我个人的理解角度和实战经验来判断，我们经常说的社群运营是整体用户运营的一个重要组成部分和必不可少的运营工具及手段，是整个用户运营体系的一个环节。在我的理解和经验中，想要做好下沉市场的线上用户运营，社群运营是必不可少的手段。做好社群运营，必须要融合内容层面的运营、活动层面的运营、客户服务层面的运营等不同类型的运营和不同手段。而在所有的环节中，内容和活动，是社群运营的核心手段，而文化和温度，则是社群运营的隐性手段。而顶层的体系架构设计、内容生产和活动创新、系统的组织文化的构建和塑造，我个人认为是构建和运营一个完整有效的社群体系的前提。

以我曾搭建运营的一个运动类产品的下沉市场用户社群体系为例。当时为了运营这部分群体，我搭建了一个包含 5 000 个微信群的以微信为承载平台的社群矩阵。同时基于线下的渠道模型，我将 5 000 个微信群根据地理位置划分为 7 个大区，形成了一个从大区，到地级市，到县城的 3 级社群体系。每个层级都设立对应的群组，同时在所有的运动团团长中间选拔各个层级的群组负责人，完全遵循用户运营用户、用户管理用户的准则进行运营。

同时，我根据每个层级的不同人群，推出针对性的内容课程和活动，并且针对每个层级的人群，制定对应的福利措施，使整个社群体系结构化、层级化和区别化。这样既满足了不同人群、不同年龄用户的需求，同时也能够促使各个群在运营上形成竞争关系，从而推动整个社群体系的发展。

2. 整合私域流量池

整合私域流量池，顾名思义就是通过整合下沉市场本来就存在的私域流量（包括自媒体、社群、网站等），与对方建立长期的合作伙伴关系。在必要的时候，这些私域流量载体可以作为你的产品触达目标市场群体的通道。

在整合私域流量池的过程中，需要特别注意以下两点。

第一点，虚拟的组织形态。你需要构建一个虚拟的组织形态，用来聚拢分布在全国各地的私域流量载体，这种组织可以是"联盟""协会"等形式，也可以是"学院""代理"等形式。总之，你需要这样一个组织形态，来强化用整合的方式构建的私域流量池的稳定性。

第二点，明确的利益分配。这是非常简单的一个道理，要让不属于你的平台为你服务，你需要想清楚你能为对方提供什么，是物质层面的回报，还是流量层面的互补？只有双方在资源和需求上达到共赢，你的这个私域流量池才会更加具有生命力。

例如，在河北省承德市辖区内的平泉市（县级市），由当地的一个机构创办的"平泉微同城"微信公众号，就成为当地居民获取地方信息的重要途径。无论是求职招聘，还是房屋租售，或是商家促销，只要是涉及当地的信息，都可在该平台上找到。根据抽样调研，在 200 位当地居民中，有 150 多人关注了该微信公众号，占比达 75% 以上。当然，如果是主动寻求在该平台发布信息，是需要交费的。

■ 互补：线上运营量变引起质变的特点＋线下运营的魅力

1. 线上运营量变引起质变的特点

在互联网行业摸爬滚打、身经百战的我们，已经见惯了阅读量超过 10 万的推文，在谈论自媒体账号的时候，百万名粉丝以下的平台基本上不会成为谈论的对象，更何况是只有几万或是几十万名粉丝的账号。但是我们却忽略了一点，量变，可以产生质的飞跃。虽然一个县城的某个自媒体平台账号只有 10 万名粉丝，但将 2 800 多个县级行政区划单位的自媒体聚集到一起，便是上亿的用户体量。

县城居民处于熟人圈层，每一个家庭，或者每一个家族，或是每一个单位，都有自己的微信以及微信群。只要这个家族有一个人是这个平台的用户，有很大概率就可以影响到这个家族中的其他人，覆盖少年、青年、中年、老年 4 个年龄群体。

虽然这种计算方法不够客观和科学，但是在很大程度上似乎可以为我们阐明一个道理：区县、乡镇的地方自媒体，作为一支不可或缺的力量，在我们做下沉市场渠道下沉的过程中，将成为一个不可忽视、甚至不可避免的领域。

2. 线下运营的魅力

通过以上分析，我们不妨设想，如果以 100 个县城为例，每个县城都有一个聚焦本地信息的自媒体平台，假设每个平台只有 1 万名本地居民关注，那么可直接触达的区县居民数量就可以突破百万。而通过裂变效应，这 100 个县城的自媒体可以辐射的人群可达千万。这是一个充满想象力和诱惑力的数据。

当然，这也许只是一种比较模糊和理想的数据状态。相比于线下运营方式，线上的运营方式总会在某些层面让我们觉得不够全面和彻底。同样，如果想要抓住更多的三级及以下城市居民用户群体，单靠线上的传播还是不完全可靠和有效。基于此，线下渠道的优势就立刻凸显出来。

线下渠道的运营可以让产品和潜在消费者之间产生直接的碰撞，让目标用户更直接地体验和感知产品的魅力，这是线上运营很难达到的效果。

■ 线下运营：如何通过渠道下沉找到你的目标用户

虽然我一直身处移动互联网行业，从事的也是与移动互联网产品、渠道、品牌、市场等相关的工作，但是我对扩展线下渠道一直很有兴趣。

我一直倡导的一个理念就是，面对广大的区县或小镇居民，移动互联网产品只有走入他们中间，才能真正地走入他们的生活。单纯地依靠线上运营，总会让我有一种飘在空中的感觉。

对于区县，线下渠道运营又总会让我们觉得遥远而陌生。我们可以分析一个微信公众号的粉丝构成，从而判断这个微信公众号的用户是否与你的目标用户相符，我们也可以通过线上平台的数据分析来精准判断你的目标用户群体组成，但是对于与你相隔百里千里的大大小小的陌生县城，如何在其中找到你的目标用户群体？我相信这是摆在所有市场人面前的问题。针对这个问题，我们不妨来模拟几个场景，通过区县的居民生活动态判断核心流量的位置，居民生活动态的变化，正是用户流量的所在。

下沉市场用户生活场景模拟示例如下。

场景一：清晨的农贸市场。

习惯了在大型连锁商超购物的都市白领，是不是已经忘记了小时候陪着爸爸妈妈逛农贸市场的场景？一条固定的街道，一个固定的时间，琳琅满目、林林总总的商品，总是会让我们流连忘返，体会到无限的乐趣。

在不断推进城市化建设的今天，我们身处都市，早已遗失了关于农贸市场的记忆。但是当你走进县城、乡镇，会在不经意之间回想起当年的那段时光。依旧是记忆中的街道，依旧是在清晨便出摊吆喝的商贩，依旧是当地居民踏着朝阳赶场的热闹，依旧是那个人来人往、讨价还价的场景。

县城乡镇的生活形态，在"早市"这个仪式上得以传承，而我们所谓的"白发经济"目标人群——老年人，便是这个场景的主角。

虽然现代化的连锁超市已经开到了家门口，但是人们更习惯农贸市场的烟火气息。当县城的农贸市场成为这个地区一天中第一个人群聚集地，这里自然而然也会成为流量的承载体。

场景二：傍晚的中心广场。

如果你来自县城或者乡镇，一定记得晚饭后你的左邻右舍会去哪里遛弯。如果你来自一线城市，你也一定会发现，你的居所附近总会有一个在傍晚时分聚集着大量人群的小型广场，大爷大妈在这里载歌载舞。特别是在炎热的夏日，人们都会在日落后，在这里享受一天中的清凉。

每一个县城，或是每一个乡镇，都有一个专属于当地居民的中心广场。

中心广场或大或小，或是在当地某个大型商场的前面，或是在县城中某个自然形成的区域。它们都有一个诗情画意的名字，但是当地居民还会以某一个地标或者附近的某一个建筑给这些地方起个别称。

中心广场仿佛是这个县城或乡镇的心脏，聚集着南来北往的人群，随处可见孩子们相互追逐，老年人坐在椅子上聊着家常。不同的年龄、不同的家庭，人们在特定的时间聚集在特定的区域。而在这个时间段，总会有一些商家准时在这里出现。自然而然，这里因被当作这个县城的"自然部落"，而受到人们的喜爱。

场景三：中小学门口的零食店。

回想我们上学时的情景，无论是上小学，还是上中学，你总是会在上学之前或者放学之后，满心期待地走进校门口附近的零食店或者杂货铺，或是在下课的间隙，和同学一起走进学校内的小卖铺。那个时候我们兜里只有几毛钱，5元钱已经是一笔巨款了，几毛钱都可以买很多东西，更不用说5元钱了。儿时学校附近的零食店，就像一个百宝箱，总是能够让我们发现很多的新奇和乐趣。

当你走近县城的学校时，你会发现直到今天，每一所学校门口仍会有一家或者多家不同类型的商店，或是零食店，或是文具店，狭小的空间里摆放着琳琅满目的商品。一到学校放学的时间，零食店附近往往聚集着学生的家长，这对做教育产品想要接触家长群体的工作人员而言，是一个非常有效的推广场景。同时，放学后很多学生都会一窝蜂地涌进这些商店，去购买、观望，短则十几分钟，多则一个小时，这些商店仿佛是这些学生的乐园，让孩子们乐此不疲。在全国大部分的县城，这样的景象非常常见。

对城镇的大部分家庭来说，孩子的事情在他们的生活中是最重要的，而接送孩子上下学，更是家中长辈每天必须做的事。如果能充分利用好这一情况，深度挖掘潜在的资源和市场，开拓下沉市场就容易多了。

曾有一位做K12的创业者找我探讨如何找到中小学学生用户，我给他推荐的方法便是到这些学校附近的商店去寻找，这是一种最直接的方式，也是一种最有效的方式。而对我们来说，这就是我们接触下沉市场用户的一个场景，在这个环境里，你可以接触到6—15岁的中小学学生群体，同时也能接触到这些孩子的父母，接触到这些孩子的爷爷、奶奶、外公、外婆，接触到这些学校的任课老师，接触到这个城市的一些补习班的教师和校长。这是一个包罗万象的环境，可以让你深入地了解这个城市的人群。

3种生活场景，代表着N种人群的动态，当你走进一座县城时，会发现虽然全国有2 800多个县级行政区划单位，但是在很多层面，它们都具有相通性和相似性。融入进去，就等于找到了打开下沉渠道的钥匙，可为你打开下沉市场提供助力。

我们在前文中说过，最传统的方式也可能是最有效的方式。面对下沉市场，我们无法以传统的移动互联网渠道思维去看待下沉市场的渠道关系。用户与产品之间更多的是需要一种温度和亲近，这就要求我们在做下沉市场的过程中，要不断通过真实的方式去接触用户，进而将线下的目标用户聚拢到线上的承载平台，单一的线上模式或单一的线下模式都无法有效地使下沉市场形成闭环。在移动互联网产品进入下沉市场的过程中，只有实现线上与线下的有效结合，才能为我们带来预期的市场效果。

2.2.3 渠道下沉体系建立的模式：自建＋合作

在下沉渠道体系建立方面，在2.2.2小节中本书讨论了策略的区分，本小节将从模式的角度，对自建渠道和合作渠道两种模式进行详细介绍。

我们在选择渠道的时候，往往将下沉渠道划分为自有渠道和合作渠道两种模式。在传统的移动互联网渠道中，合作渠道是一种主流的渠道模式，"资源置换"成为移动互联网渠道合作中非常常见的方法。但是在下沉市场中，无论是自有渠道和合作渠道，都与传统的移动互联网渠道有着非常大的差异。特别是在自有渠道中，需要大部分的移动互联网企业首先开始自建渠道。

■ 自建渠道

2.2.2小节曾介绍，移动互联网产品一直以来倡导轻资产、少投入，以换取最大的收入回报，而做渠道下沉的成本是移动互联网公司难以承担的，甚至是不可想象的。习惯了花几万块钱在一个微信公众号投放广告的互联网公司，很难想象为什么要花费数十万去印刷那些宣传海报和制作站台物料；习惯了连发布会都采用线上模式的创业者，很难忍受一场落地活动涉及的人工、物料、场地和审批等各种烦琐的细节以及基于此产生的大量成本。自建渠道和合作渠道，是移动互联网进行渠道下沉中会直接面临的一个问题，而问题的背后，便是成本的核算。

比较而言，在搭建下沉渠道体系的模式选择上，我更加倾向于自建渠道的模式。

自建渠道有两方面的优势，一方面，自建渠道具有可控性和稳定性；另一方面，渠道作为产品进行市场营销的通道，随着越来越多的产品聚焦下沉市场，如果能够构建一个庞大且可靠的下沉渠道网络，在满足企业自身产品进入下沉市场的需求的同时，能够为更多需要进入下沉市场的产品提供服务，可无形中增加企业的竞争力。关于自建渠道，我们将在本书的第 4 章以本地化运营的角度进行系统阐述，在这里就不过多描述。

■ 合作渠道

其实在决定选择自建渠道还是合作渠道之前，我们更应该思考，你的产品是什么？如果你是一个以销售导向为主体的产品，那么在进行渠道下沉的时候，如何让你的目标群体对产品和品牌产生直观感受就是你首先要思考的问题。如果好的产品只是一个纯粹的 App 产品，那么就没有必要在一个县城找到一个门面建立体验中心，这样做只是徒增成本。

如果你只是为了推广一个 App，或是搞一场临时性的活动，那么就没有必要在县城建立一个体验中心或是成立一家广告公司，县城里的执行团队（公司）完全可以满足你的这些需求，并且成本低、效果好，这就是我所说的合作渠道。

虽然在每个县城找到适合你的合作伙伴并不是一件容易的事情，但是只要你建立了一个遍布全国区县的合作伙伴资源库，下沉渠道将彻底为你打开。

■ 渠道下沉的一些思维理念

对于渠道下沉，我一直倡导的一个理念是"根据地"思维。"根据地"思维是指通过以点带面进行规模化布局，进而实现多方的联动效应。在我看来，你只有扎根在你的目标市场并夯实基础，你的未来才会更具想象空间。我要传达的一个观点是，渠道下沉，首先要落地生根。

共赢，是合作渠道的基础，也是核心。让自己盈利，同时助力你的合作伙伴壮大，二者相辅相成、互相成就，这才是合作渠道最完美的呈现形式。在这个层面，我们需要综合考量产品的特性，确定合作的模式，判断人性与人心以及双方的掌控能力。

■ 如何打造更加体系化的下沉渠道

无论是线上渠道还是线下渠道，无论是自建渠道还是合作渠道，都可以根据不同的产品和不同的环境选择不同的方式。那么，如何让渠道更体系化，是我们在搭建下沉渠道的时候需要关注的问题。

体系，指的是在规定的范围内或者相同的事物属性之间，按照有序的规则标准相互关联而构成的统一的整体。而在下沉渠道中，体系化指的就是在产品和市场之间寻找一个平衡点，二者在一个宏观的框架下，相互补充、相互竞争、相互促进、相互成长，最终形成一个具有强大生命力的组织。

用制度去管理一个团队，以文化去凝聚组织人心，让结果去实现团队的优胜劣汰，我用这 3 句话概括了以上内容，并将其作为搭建下沉渠道体系化标准的核心理念。

1. 制度管理团队

作为一个体系化的渠道组织，制度是这个组织的章程和守则。无论你是面向某一个地区的渠道组织，还是面向全国的渠道网络，在构建整体渠道团队之前，都需要针对这个渠道架构制定宏观层面的规则。无规矩不成方圆，而渠道的制度，就是之后渠道组织在日常发展中所要遵循的标准。依制而行，才可以保障整个渠道的可控和有序。

2. 文化凝聚人心

在一个组织运行的过程中，硬性章程只能规范组织成员的行为，不能影响组织成员的心理状态。所以，建立组织文化就成为组织发展中必不可少的事务。在下沉渠道的组织中，组织成员分布在不同的地区，相互之间只能通过网络进行沟通衔接，缺少相互了解，统一不同地区组织成员的意志和愿景，将是下沉渠道管理人员的必修课。基于公司整体目标和渠道战略，打造下沉渠道的渠道文化和组织愿景，有利于提高渠道人员对组织的认同感和归属感，也能够让渠道人员清晰了解组织的使命，提高下沉渠道组织的凝聚力和向心力。

3. 结果优胜劣汰

在渠道下沉的过程中，作为渠道管理者，我们面临着一个问题：渠道组织人员处于失联状态。例如，作为一家公司下沉渠道的负责人，你的办公地点位于北京，而你的渠道人员则分布在不同的城市，可能每个月甚至每个季度才有一次面对面沟通的机会，此时对团队人员的考核就成了一个比较令人苦恼的事情。将结果作为唯一的衡量标准，是渠道下沉初期进行人员考核的最有效的方式。当然，以此种方式作为人员考核依据的前提是，要对组织人员进行完善的培训和提供必要的资源支持。同时，也可以培养渠道下沉组织成员的危机意识。

◎总结··◎

一个完善的、体系化的下沉渠道，是保障市场下沉策略成功实施的基础条件。市场策略的预期，需要有完善的市场渠道才能达成，若下沉渠道相对比较分散，体系化可以弥补组织在管理、沟通、协调、考核方面的不足，从而强化下沉渠道组织网络，提高下沉渠道人员的执行能力，进而为市场下沉的成功奠定稳固的渠道基础。

2.3 走进：渠道为王，因地制宜

每个人都来自不同的环境，环境对人的影响都各不相同；每个人的思维方式不同，理解到的内容也不同，所以，一千个读者就有一千个哈姆雷特。阅读如此，做事也同样如此。

2.3.1 渠道下沉策略需要因地制宜

我们推动渠道下沉的市场策略，最直观面对的是全国 2 800 多个县级行政区划单位及 39 800 多个乡级行政区划单位，面对的是来自全国四面八方的普通居民。不同的地域环境、不同的城市人文环境、不同的教育水平环境、不同的历史文化环境、不同的经济生长环境，造就的是以县城为单位的不同的地域的不同现状。

我们不可能用同一套执行方案在全国市场范围内推行渠道下沉策略，同样也不可能用同样一套奖惩标准去考核我们所有的渠道下沉工作人员。比如，在人均收入在 2 000 元左右的某个县城，我们可以用相对较低的成本投入去获得市场，但是如果在某个发达地区的县城，人均收入可能是前一县城的一倍甚至 N 倍，人力成本和时间成本都相对较高的情况下，如果我们还用前一县城的成本支出来核算投入产出比，可能就会得到让我们非常沮丧的效果。

■ 在不同城市推广 App 的成本和方式不同

以推广 App 为例，在东北某县级城市，以线下导流的形式通过地面推广的方法推广某 App，以达到提升下载量并激活用户的目的，单个用户成本在 2—3 元，1 包面巾纸、1 瓶矿泉水，或是 2 个鸡蛋，就可能现场吸引 1 个真实存在的用户下载 App。这种推广方式的人力成本也有保证，因为当地人均收入水平和消费水平较低，如果在当地招募一名兼职的地面推广人员，按照获取一个新增用户可以获得 3 元报酬计算，其每天获取 20 个新增用户，该 App 当月可获取 600 个有效新增用户，可以为该地面推广人员带来至少 1 800 元 / 月的收入。这在一个月人均收入为 1 500—3 000 元的县城可以说是一笔非常可观的收入，要知道当地一些其他行业的从业人员可能月收入不足千元。地面推广的形式相比于其他工作更加灵活和快速，自然可以低成本获取目标用户，并且充沛的人力资源可以助力此种模式的推行。

但是，当我们用同样的预算去经济发达的某个县城推广同一款 App 时，可能我们连一名兼职地面推广人员都招聘不到。

以上分析的依据非常简单，即经济发达地区移动互联网的普及程度高，居民对移动互联网产品已经司空见惯。此外，经济发达地区的人均收入水平相对较高，个人时间成本比经济落后的地区高。

基于此，以地面推广为例，经过个人的调研和实践，我发现相比于经济相对欠发达的地域，在经济发达地区的区县以地面推广的方式获取单个用户的成本是经济欠发达地区的 3—5 倍，即在

15元以上。但是即便如此，在移动互联网线上流量获取困难的今天，从某些产品属性的角度分析，线下流量的获取成本依旧远远低于线上。

■ 下沉市场的目的不仅仅是为了获取新增用户

在这里我需要重点阐述一个问题：在目前阶段，许多移动互联网产品对下沉市场的需求，仅仅停留在用户获取这个阶段。由于线上流量饱和且获取一线城市用户的成本增加，移动互联网产品的生产者希望通过下沉市场打开用户增长的新通道，这个诉求无可厚非。但是从我的观点来看，如果只是将下沉市场作为实现用户增长的一个渠道，那么是对下沉市场资源的浪费。

没有后续延伸的用户获取是不具备价值的，为用户提供更多的服务，或者让用户为产品带来更多商业可能，才是一个产品与用户之间可以长期健康共存的状态。

对移动互联网产品来说，用户数量的增长固然重要，但是随着移动互联网行业的发展，用户规模大和活跃数据高已经不足以证明一个产品的价值。你获得的用户可以做什么，才是所有移动互联网行业从业者应该思考的问题。如果你通过下沉市场获得的用户只是一个数字，那么对产品本身来说是一种伤害，对下沉市场的资源来说是一种浪费。这就要求我们在推动下沉市场的过程中，不要将获取用户作为终极目的，这只是下沉市场征途的一个标志。如何在通过进入下沉市场获取用户之后，进一步挖掘用户的价值，才应该是我们需要思考的问题。渠道下沉需要因地制宜，而如何做好本地化运营，本书将在第4章详述。

通过上述分析可知，我们在制定下沉渠道规划的时候，面对的不是一个统一的整体，而是不同类型的个体。这就要求我们需要在整体战略规划的基础上，客观看待每一个个体的现状和特点，进行针对性的研究和部署，基于每个地区的不同，制定不同的渠道规划。这样我们在推动渠道下沉的过程中才能够更好地适应不同的环境。

2.3.2 十六字渠道规划的思路

在做每一件事情之前，我都喜欢在了解清楚这个事情的来龙去脉以及预期之后，基于客观情况和主观思维，通过分析、研究、汇总，形成一个自上而下的整体规划。同时，在做每一个规划之前，我都会为这个规划定一个调子，也就是制定这个规划的思路和方针。这样可以保证每一个规划都可以满足事情的基本诉求和最终预期。

基于我国经济发展的现状和全国区县经济发展情况，我们在制定整体渠道下沉规划之前，要秉承"整体统筹、因地制宜、充分放权、分级管理"十六字的渠道方针。

■ 整体统筹

根据产品属性和企业需求，找到产品和目标市场之间最行之有效的契合点，从战略高度和全局方面，制定适合产品的整体渠道下沉战略规划。

要概念，不要细节；要规则，不要规定；要底线，不要上限。树立渠道文化，打造渠道思想，构建渠道愿景，把握大方向，不要过度关注"一城一地"的得失。

如果将你的下沉渠道比作一棵大树，那么你的公司总部就是大树的树干，而你的渠道网络便是大树的枝干。每一根枝干的生长，在不同角度、不同强度的阳光的照射下，都是以树干为中心四向生长，一旦脱离了树干，再好的阳光和再充足的雨水都不足以让枝叶茂盛。在渠道下沉的过程中，整体统筹的意义在于，让你的渠道网络时刻保持在正常的轨道上，保障渠道的完整性和统一性。

■ 因地制宜

每个城市有每个城市的特点，每个城市有每个城市的特色，当你在 A 城市"捷报频传"的时候，相同的方案可能会在 B 城市受挫。对成功方案，最好的办法就是取其精华，去其糟粕，结合每个城市的政策、文化、经济等具体情况，对其进行改良。水土不服是下沉渠道策略实施中的"常见病"，让成功案例与本地区的实际情况有效结合，才能让其发挥出最大的作用。

我们常说，一方水土养一方人，也就是说不同的环境孕育着不同的文化。

在渠道下沉过程中，我们面临的市场环境千差万别，同样一个市场方案不可能适用于所有以县城为单位的市场现状，如果一味地执行统一的市场策略，死板地要求渠道人员必须按照书本知识开展工作，必然会面临水土不服的问题。所以，在整体统筹的基础上，要根据不同城市的不同特点，对整体方案进行适度的优化和调整，以适应不同地区的市场环境。在不影响原则和大局的基础上，不断改良你的策略，才能体现下沉渠道的生命力。

■ 充分放权

俗话说，一个将军在外作战，必要的时候可以不必领会军令，用这句话来形容下沉渠道的团队再合适不过了。坐在办公室的你，作为下沉渠道策略执行的负责人，永远不会了解一线业务人员到底经历了什么、看到了什么，而如果还在用凭空设想出来的思维去指挥领导各地的渠道团队，只会被人耻笑。

只有处于一线的人员，才知道具体的情况是什么样的。

作为高层管理者，管理下沉渠道团队的人员最好的方式就是充分放权，在不违反原则和底线的情况下，进行有组织、有纪律的放权管理。明确整体方向，规定具体时间节点，明确量化指标，其他的不要过度去干涉。我特别推崇华为的一个管理文化，即让听得见炮声的人来决策，就是这个道理。

■ 分级管理

移动互联网行业通常都遵循扁平化的管理模式，致力于简化管理模式和管理等级，以提高工作效率和决策速度。在一个固定的办公场所，这种模式的确行之有效。但是下沉渠道涉及地区广、涉及人员多、涉及事情杂，如果还用这种管理模式，我相信管理者会非常痛苦，并且会不断地出现管理错误。

严格的等级制度和明确的汇报层级，更有利于下沉渠道的工作开展。一方面，制定系统的职级体系，可以让整个下沉渠道更加完整和有序，另一方面，依据下沉渠道的职级体系，制定奖罚分明的成长路径，能够提高渠道人员的竞争意识。每个层级有属于每个层级的权限和任务，自上而下的等级体系，会让下沉渠道的管理和考核更加有效。

对下沉渠道来说，最好的管理方式是分级管理。从地区、属性等不同维度，设立各级的管理体系，一级管一级、一级监督一级、一级负责一级，层层管理、层层监督、层层负责。

以一个地面推广团队为例，以县级市为一个组成单位，那么，在这个县会有10个地面推广人员，在这10个地面推广人员中选出1个人作为组长，整体负责该县城的地面推广执行；县级市负责人之上，设立地级市地面推广负责人，负责该地级市下属的N个县级市负责人的管理；地级市地面推广负责人之上，设立省级地面推广负责人，环环相扣，确保所有流程顺畅。同时除特殊情况，严格禁止越级汇报，以保障整个渠道管理体系的有序性。

做管理，很多时候考评的是人心和人性这两个事物。我们相信大多数的事物都是美好的，同样也要清楚，也有不美好的事物会出现在我们的工作中。

严格的等级制度虽然在一定程度上有一些弊端，但是从整体大局考量，依旧是利大于弊。

◎总结·

渠道下沉，目的是让产品扎根于目标市场，形成一个又一个夯实的"根据地"，以运营本地渠道为方式方法，在全国的

> 目标市场"点燃"渠道的"火焰"，最终形成"燎原之势"。
> 因渠道，而下沉。下沉渠道，对市场下沉来说，是大厦地基，是高速公路。万丈高楼平地起，扎实的下沉渠道，可以为我们赢得下沉市场奠定坚定的基础。得渠道，赢下沉。

案例分析：美团在本地生活领域的渠道下沉策略

经常关注移动互联网行业动态的朋友可能会有一种感爱：自2020年新年开始，本地生活服务领域的竞争就愈演愈烈，以口碑和饿了么为代表的阿里巴巴网络技术有限公司（以下简称阿里巴巴）和北京三快在线科技有限公司（以下简称美团）关于本地生活领域的"大战"正在悄悄打响。其实阿里巴巴和美团多年来一直保持着一种对峙的状态，随着用户点外卖的习惯不断巩固，餐饮和其他服务的线上化交易得到了进一步提升，两大巨头的"贴身肉搏"也不断加剧。

■ 两大巨头在本地生活领域的竞争升级

公开资料显示，在2019年收尾之际，作为中国互联网公司中股价蹿升最快的"黑马"，美团的市值在一年中大涨了140%，此外，阿里巴巴上涨61%，京东上涨70%，电商新秀拼多多上涨76%。2020年4月18日，饿了么联合口碑开展的"E口吃遍天"城市换新大型主题品牌系列活动首站落地沈阳太原街，开启了新一年本地生活领域的"大战"。

本地生活服务业务本质上是一个平台生意，无论是外卖业务还是到店业务，本地生活链接的是商家与消费者。

随着用户点外卖的习惯逐步养成和巩固，商家也越来越重视外卖渠道的建设。

■ 到店领域的不断拓展——智能化收银机业务

在到店领域，本地生活服务公司除了自身的业务之外，也在涉及业务的其他场景不断地进行拓展。我们经常会去某个餐厅消费，或与朋友相聚，或进行同事团建。如果细心观察的话你会发现，基本上所有的一线和二线城市的收银台都安装了智能化的收银机，如果你再进行深入观察会发现，很多餐厅的收银机，是由阿里巴巴或者美团这样的公司提供的。向 B 端（企业用户商家）厂家赋能服务场景，同样也是本地生活服务公司竞争的业务之一。

我有幸认识一位曾供职国内某本地生活服务巨头企业的朋友，他主要负责到店收银业务的渠道拓展。简单地说，到店收银业务就是吸引 B 端合作商家采购公司的收银机系统，公司可以通过用户消费数据和用户行为分析，为商家提供更加全面专业的消费者数据报告，从而帮助商家改善经营环境、提高经营数据。同时，公司也可以根据收集的数据，形成针对不同消费场景和不同消费群体的大数据报告，为消费市场和公司业务决策提供更广泛的数据参考。

■ B 端领域持续深耕

在生活服务领域竞争愈演愈烈的环境下，B 端成为美团与饿了么争夺的主要对象。其实早在 2016 年，美团便开始发力争夺 B

端，先后上线了餐饮供应链 B2B（Business to Bussiness，企业对企业）平台和 SaaS（Software as a Service，软件即服务）收银业务。美团在 2018 年 10 月进行的组织架构调整中，更是分别成立了快驴事业部和到店事业群中负责收银业务的收银业务部。在美团发布的《中国餐饮报告 2019》中有一组数据：在过去一年的时间里，我国整体餐饮市场规模已达到了 4.2 万亿家，但是餐饮的线上化水平只有 10% 左右。B 端商家的数字化能力相对较差，整体工作效率得不到有效提升，这就促使美团在 B 端商家服务层面持续深耕。

在收银机领域抢夺下沉市场的商家，是一件非常困难的事情。先不说直接竞争对手阿里巴巴同样也在布局商家收银机业务，传统的收银机厂家更是移动互联网公司进入这一领域的拦路虎。

下沉市场的商家对收银机的需求其实还处于一个教育阶段，虽然我们在一线城市已经习惯了餐厅使用收银系统结算，但是在很多偏远的县城和乡镇，传统的纸质菜单和纸质记账结算方式依旧是主流形式。

正是市场的难度，体现了市场的深度。

■ 美团收银业务的渠道下沉策略

美团收银业务的拓展，在我看来采用的是非常典型的渠道下沉策略。美团在拓展收银业务的过程中，主要采取直营和代理两种方式。

其实早在 2017 年，美团就在全国通过直营的方式开展了 SaaS 收银业务的推广。当时美团组建了一支 2 000 人的团队从事这项工作，而如今这个团队已经扩张到了 6 000 人左右。直营主要依靠美团在所有省会城市的分公司进行直接拓展，这种方式虽然保障了渠道的可控性和执行力，但是往往会面临另外一个问题：业务太繁重。

仅依靠直营，是很难快速打开市场，很难快速提高市场占有率的。因此，美团也在收银业务的渠道拓展中同时开启代理的模式。

在除了省会城市之外的地区，美团收银业务通过构建代理商体系，招募地方渠道代理商的形式，将渠道拓展到了全国范围内的所有县城和乡镇，迅速弥补了直营渠道的不足。

■ 定价策略与渠道人员渗透并快速占领市场

美团在收银业务上为了快速占领市场，在定价方面也很有魄力。相较于上万元的传统餐饮软件和系统费用，美团将单台收银机的价格定在千元左右，一些单屏收银机甚至只需要几百元，这不仅让一些传统的收银机厂商倍感压力，也让直接竞争对手非常苦恼。价格战的直接作用是快速地提高了美团收银业务的市场占有率。美团公布的 2018 年年报显示，其新业务收入 112.4 亿元，同比增长 450.3%，其中 B 端业务（如餐厅管理系统）、快驴等均实现了高速增长。

渠道下沉似乎是美团自成立以来都特别擅长做的一个事情。在收银机业务采用渠道下沉策略的过程中，美团规模庞大的渠道人员直接渗透到所有的县城和乡镇，有商家的地方就可以看到美团收银业务渠道人员的身影。在了解这个业务的过程中，我也了解到一个非常有趣的事情。曾经有一位美团收银业务渠道人员，在一天内拜访了 5 个乡镇的商家，并且是在没有驾车，5 个乡镇之间没有直通交通工具的情况下做到的。这位渠道人员采取的方式是以县城为中心点，先出发去拜访乡镇 A，然后返回县城，再从县城去往乡镇 B，以这种方式，反复地在乡镇和中心县城之间往返，完成了一天内拜访 5 个乡镇的商家的计划。就我个人看来，这名渠道人员体现了渠道下沉从业人员必备的职业素养和职业毅力。

◉总结 ··◦

　　美团与饿了么作为直接竞争对手，双方在一线城市的市场份额已经几乎固定，所以抢夺一线之外的市场成为双方的共同目标。2019 年初，阿里巴巴选择在多个城市开展补贴大战，在持续了半年之后，美团于当年 9 月在一线城市进行市场反扑，拉锯战式的竞争从未间断。伴随着本地生活服务的升级，阿里巴巴已在 2020 年重启下沉，并与支付宝强强联合，推动下沉市场的快速布局。以电商零售业务为代表的整体下沉，也是阿里巴巴近两年的核心战略之一。下沉市场，将成为美团和阿里巴巴之间，最为重要的战场，下沉市场的渠道将成为两者未来直接争夺的资源。

第 3 章

用户分析

**水能载舟，亦能覆舟，
得用户信任者得未来**

我们将下沉市场看作是移动互联网流量的蓝海，源于一线城市的互联网用户已经趋于饱和，同时已经反复受到移动互联网产品的教育。而规模庞大的三线及以下城市的居民对移动互联网产品依然处于一个可教育的状态，在城镇经济发展和居民生活水平提高的背景下，三线及以下城市居民对新颖的互联网产品充满好奇，与一线城市用户对互联网产品的疲倦感形成鲜明对比。

　　一直以来，我们都将消费者称为我们的"衣食父母"，在下沉市场亦是如此。水能载舟，亦能覆舟，得用户信任者得未来，抓住用户的信任，才能抓住用户。

3.1 下沉市场用户群体的特征

下沉市场用户的日常娱乐方式较为单一，智能手机占据了他们大多数的娱乐时间和消遣时间。他们愿意尝试，或者有更多的时间和精力去尝试不同的、新颖的产品，这对移动互联网产品来说是一块难得的土壤。但是与一线城市受移动互联网洗礼的成熟用户不同的是，大部分下沉市场的用户对互联网产品的受教育程度较低，企业的相关成本自然较高，这也为开拓下沉市场用户群体的互联网行业人员提出了新的挑战。

下沉市场用户群体特征繁多，如果不能够从多维度对其进行分析，我们将无法准确认知下沉市场用户群体的特征。而接下来我们要讲的是如何根据下沉市场用户群体的特征从消费、细节、服务等角度打造产品。在用户方面，本书主要以下沉市场中城镇居民为主要目标群体进行讲解。

3.1.1 下沉市场用户群体的产品选择空间较大

得到更多的用户，是所有互联网产品都在追求的目标。如果将互联网比作一个大型的超市，那么互联网产品就是超市里琳琅满目的商品，而用户就是游走在超市的商品货架前挑选、购买商品的众多消费者。商品的品相、质量，消费者的需求程度，决定着商品的销量和受欢迎程度。

让消费者满意，考验的是超市的选品能力和商品的质量。众口难调应该是商家最头痛的事情。

100位消费者就有100种标准，相比于刚需产品，非刚需产品如果想取得消费者的喜爱并被消费者购买，就需要具备更强的综合实力。

对互联网产品的生产者来说，用户就是"衣食父母"。得用户者得市场，产品只有取得用户的信任和喜爱，才能在移动互联网大浪淘金的过程中成为最终的真金；反之，就会被快速发展和不断迭代的互联网行业淘汰，消失在用户的视野中。

■ 用户对价格、质量及送达时间更加关注

以生鲜产品平台为例，产品的价格、质量，送达的时间，服务的质量，直接决定着平台的用户量级和被使用频率。在下沉市场中，用户对价格和质量及送达的时间更加关注。如果同样两家规模相当的生鲜平台以同样的价格销售同一款水果产品，其中A生鲜平台的送达时间是30分钟，而B生鲜平台的送达时间是35分钟，虽然B平台仅比A平台慢5分钟，但是消费者必然会倾向于选择送达时间更短的平台。5分钟的差距，足以让B平台流失大量既有消费者订单，从而使流量流向A平台。

在推动下沉市场的业务过程中，需要针对目标市场用户的关注点，不断地改善产品的服务，从而提高下沉市场用户对产品本身和产品配套设施的满意度，进而提高下沉市场用户对产品的忠诚度。

再比如说，如果 A 平台的快递人员在货品送达的时候，能够保持礼貌、温和的服务态度，而 B 平台的快递人员正好心情不佳、服务态度恶劣，那么对消费者来说，哪个平台的用户体验更佳，他们自然会向哪个平台倾斜。

■ 服务至上：提升用户忠诚度

提升用户忠诚度是从业人员在进入移动互联网产品非常丰富的移动互联网竞争下半场的主要任务之一。用户能够选择的移动互联网产品更加多样，因此，所有移动互联网从业人员都在思考一个非常重要的问题：如何提升用户忠诚度。这不仅决定着产品本身的活跃数据，同时也决定着一个产品的市场占有率和价值表现。

下面分享一个体现用户忠诚度的个人经历。

用时髦的话来讲，我是一个相对比较"宅"的人，不工作的时候，就特别喜欢宅在家里，各种生活用品的采购基本上都会通过外卖平台进行。虽然住所附近就有两个大型超市，但是我一年去的次数加在一起也不会超过 5 次。我初步统计了一下，我每个月在外卖平台上面的消费额基本上都在 1 万元左右。某一个周日的早上，我想通过某个常用的外卖平台定一份早餐，但是这个平台上面没有符合我早餐喜好的商品。我就随手下载了另外一个外卖平台购买了商品，显示送达时间是 30 分钟后，结果在不到 20 分钟的时间内，外卖就送达了。外卖员将商品递到我手上时，微笑着说了一句："早上好，祝您周末愉快。"我当时的心情可想而知，简直是如沐春风、心情大好，对这个平台的印象陡然提升。

■ 服务至上：给予用户家人般的关怀

同样是在这个平台，还有一件关于用户服务体验的事情令我印象特别深刻。

在某个晚上的凌晨 1 点左右，我突然开始胃绞痛，疼痛让我脸色苍白，汗水湿了睡衣。因家里没有常备药品，我就抱着试试看的态度在这个平台上购买了药品，不到 30 分钟，外卖员就火速将我需要的药品送到了我的手里，同时询问了很多遍需不需要他送我去医院，在确定我确实没有大碍之后才离开。经历了这件事情之后，我便将我之前用的某个平台直接卸载，现在我仍在用这个我无意中下载的软件，成了它的忠实用户。

这个产品选择经历，或许是众多用户在使用和选择产品，并最终成为某个产品的忠实用户过程中的一个缩影。

◎总结 ·◦

在下沉市场，无论是对产品本身还是配套服务，消费者所表现出来的反应都会千差万别。价格、服务、评价等许多在意料之内或者意料之外的因素都会影响用户的选择。复杂的市场环境、多样的用户心理，造就了下沉市场用户环境的不稳定性，也为用户下沉工作提出了更多的挑战，使工作难度增大。

当市场中没有企业一家独大时，消费者的可选择空间就会越来越大，将产品先投入市场也不再是商场制胜的法宝。虽说先发制人在一定的程度上会取得先机，但是如果不能在后续提供更完善和系统的服务，当出现其他的竞争者时，你的既定人群就很容易被快速抢走。除特殊情况外，在物资极度丰富和选择空间大的当今商业社会，消费者的忠诚度是商家最难培养的。

3.1.2　下沉市场用户更加关注产品细节

作为一名移动互联网行业的市场运营人员，我一直信奉产品即品牌的理念。在很长一段时间里，在制定市场运营规划的时候，我一直在"渠道为王"和"内容为王"之间摇摆不定，但我逐渐发现，无论选择哪一种方式，都要基于产品本身来做判断。在移动互联网产品百花齐放的时代，产品的选择权逐渐转移到用户手里，这就要求产品本身要更加完善和优质。

在用户层面，产品没有试错的机会。一旦你将产品推向市场，如果产品不足以满足用户，那么用户很难给你第二次机会。行业的发展和产品的多样，让用户对移动互联网产品的忍耐度不断地降低。

我作为移动互联网行业的从业人员，都经常因为某个互联网产品的波动性和习惯性而改变产品使用习惯，更何况那些距离互联网行业相对较远的下沉市场用户群体。用户在使用一款移动互联网产品时，通常会更加仔细地了解和研究产品本身。熟人经济和固化消费在一个环境中根深蒂固，作为一个外来者，如何在这个陌生的环境取得第一批忠实用户，对互联网产品开拓下沉市场用户来说至关重要。

■ 细节：选择产品时的细节对比

以外卖平台为例，下沉市场的用户群体在外卖平台进行消费的过程中，会对比同一家目标商户在不同的外卖平台销售的商品的价格。同时，下沉市场用户群体也会结合不同平台的优惠力度和福利措施进行综合对比选择。一次，我在某个地级市与几个非常要好的朋友聚会，中途需要购买酒水。负责购买的朋友就打开了手机上的 3 款外卖 App，他对比价格、距离和优惠力度后，选择了一家他认为最合适的平台购买商品。

这对我来说是一件非常耗费时间和精力的事情，但是对下沉市场的大部分用户群体来讲，却是一件乐在其中，并且非常正常的事情。而将产品销售给下沉市场用户，考验的是产品制造商对产品设计、运营策略、用户痛点等多方面细节的把控，每一个细节的缺失，都可能造成用户流失。

⊙总结·∘

人作为社会生活的个体，以其思想、行为等构成了我们如今看到的一个又一个社会群体。我们赋予"人"很多的理解和称呼，包括父母、子女、长辈等以情感划分的社会称呼，领导、下属等以层级划分的社会称呼，教师、工人、警察等以分工角色划分的社会称呼。各种各样的称谓赋予了每个人使命与特征，不同的角色和社会分工，让每一个人在这个社会上具有属于自己的位置和职责，进而组成了我们身边的社会群体。

根据不同"人"的特点，持续更新对用户的了解与把控，才能进一步完善产品、服务的细节。

我们习惯将一个互联网产品的第一批用户称为"种子用户"，而如何给"种子用户"提供最合适的土壤，让这些种子可以生根发芽进而成长为一片稻田，就是我们下沉市场从业人员需要研究和实践的地方。"种子用户"对一个新兴的移动互联网产品来说，往往可以起到决定成败的作用，对这部分用户的运营状况，在很大程度上决定了这个产品的未来走向，也决定了这个产品是否能顺利被大部分用户接受。

案例分析：知乎平台对下沉用户的需求满足

作为国内知名的内容型社区平台，知乎一直致力于打造可信赖的问答社区，让每个人高效获得可信赖的解答成为知乎的使命。根据知乎最近几年的市场动作可知，其正在逐步推动平台服务的下沉工作，通过用户下沉和产品下沉的方式，为下沉市场用户提供更丰富的内容，满足下沉市场用户对多样化知识内容的需求。在物质极大丰富的今天，精神层次的满足成为下沉市场消费群体的另一需求，而知乎的下沉，正可满足下沉市场消费群体的这一精神需求。

■ 前期的产品定位与下沉市场用户需求的满足

在 2018 年知乎举办的"盐 Club 新知青年大会"上，知乎创始人兼首席执行官周源表示，知乎平台年轻用户的占比正在不断提高，同时知乎用户正下沉至二、三线城市，使知乎的用户构成产生了大幅变化。非常多的二线及以下城市的用户群体在知乎平台上面生产内容、与其他用户进行沟通，借此也可以证明，只服务于一部分人的知识社区知乎正在成为服务于大众的普惠型的内容平台。

在知识付费领域，知识付费的本质是为那些喜欢并且愿意分享自己知识积累的人提供交易渠道。在很长一段时间里，知识付费是精英群体的专属。以知乎为例，成立于 2011 年的知乎的第一轮答题者是李开复、周源和他们邀请来的朋友。因为最开始知乎实行邀请注册制，所以普通用户并不能在知乎平台上面答题，能够被邀请参与答题的全部都是各个领域的专业人士，这奠定了知乎平台前期的产品定位。

而随着三线及以下城市消费群体的物质需求得到满足，下沉市场用户群体对精神层次的需求日益增强。同时，由于一线城市流量饱和和精英群体的知识层次相对单一，不足以构成更丰富、更全面的内容结构，此时挖掘更多的内容来源，去服务更基础的用户市场，成为知识内容类平台必须要突破的瓶颈之一。综合而言，庞大的用户规模和丰富的用户构成，赋予了下沉市场用户群体价值，使知识内容型平台的内容产出和内容获取方面有了更多的意义。对知识内容型平台来说这是一个破局的空间，而及时调整产品定位，向更多的普通用户开放权限，让更多的用户成为知乎平台的内容生产源和传播源，可以帮助知乎成为一个更具想象空间的知识内容型平台。

■ 服务于下沉用户，大部分知识付费平台一致采用的解决方案

2016 年作为知识付费的元年，国内的知识付费市场快速发展，越来越多的创业者进入了这个领域，更多的知识付费产品诞生。

除了简单的知识问答，内容打赏、线下约见、付费文档等各种知识付费的形态开始出现在用户面前，这也促使知识付费开始由精英群体向大众群体普及。下沉市场用户希望通过知识付费平台获取精英群体专业的知识内容和个人观点，这是下沉市场用户群体在知识获取层面最直接的需求。而知乎平台通过产品定位的转变和产品结构的完善，在不断生产专业内容的同时，拓宽了内容的来源，让用户可以通过知乎平台获取更多专业的知识内容，直接满足了下沉市场对知识内容的获取需求。根据《2018年中国在线知识付费市场研究报告》中的数据，2017年我国知识付费产业的规模约49亿元，同比实现了近3倍的增长速度。

市场规模的扩大，带来的是同行业竞争的加剧，如何开拓出更为广阔的市场空间，成为所有知识付费产品运营人员都在思考的一个问题。同时，不断拓展的知识市场体系，细分的服务人群，使目标用户不再局限于某几个特定行业的人群，寻找新的市场增长空间成为所有知识付费类平台发展战略的重点。而知识付费的大众化，进一步推动了知识付费场景的拓展。知识付费平台不仅需要更多的用户群体作为知识付费的消费群体，同样需要更多领域的专业人才参与知识的供给，例如农业、生活服务、育儿教育等方面，而下沉市场用户可以提供更多样化的知识。在这点上，单靠一线城市的用户市场是很难做到的。为下沉用户提供服务，也是大部分知识付费平台一致采用的解决方案。

如果说渠道是下沉市场的高速公路，那么用户就是建造高速公路的材料。渠道下沉的目的是让我们可以快速地到达终点，而用户下沉的目的，就是让我们在驰骋的路上更加稳健。

■ 用户下沉，聚焦清晰的下沉市场消费群体

2019年12月，知乎上线了一个叫作"红包派对"的活动，用户关注话题或者关注优质创作者，就有机会抢到金额在几元到几十元不等的红包。其实这种运营手段已经不算新奇，每年春节前夕，很多的互联网平台都会打响"红包大战"，红包运营策略似乎已经成为互联网行业的通用运营手段。这种社交裂变方式所折射的，是移动互联网产品对用户增长的迫切需求。公开资料显示，截至2018年11月，知乎用户达到2.2亿人，同比增长102%，虽然坐拥如此大的用户体量，知乎依旧在为长期的用户增长寻找通道。

下沉市场用户群体的娱乐活动较为单一，手机成为他们日常主要的娱乐工具，所以无论是通过发红包以金钱刺激用户，还是建立兴趣社区"圈子"以内容质量吸引用户，知乎都紧紧抓住了用户心理层面的需求，在"下沉"这条道路上，尝试着所有能够想到的线上运营的办法。每一个产品做下沉都有非常清晰明确的目标用户群体，但是知乎在这点上却有些不一样，知乎下沉的用户对象不只是三线及以下城市的用户群体，更是包括了中老年群体、小镇青年等。覆盖除了高级知识分子以外的更大规模的用户群体，似乎是知乎做下沉市场的唯一目标。

渠道是树干，产品是树根，而用户就是土壤，只有好的土壤孕育出牢靠的树根和粗壮的树干，才能造就枝繁叶茂的参天大树。

■ 下沉市场用户对知识付费产品的更高要求

知识付费产品的用户下沉，一方面需要下沉产生知识的作者群体，另一方面需要下沉想要获取知识的消费群体。在下沉市场领域，人们对新知识的需求正在逐渐变大，下沉市场的用户希望通过移动互联网工具看到不一样的世界，这为知识付费产品探索下沉市场提供了机会。

也正是下沉市场的特殊性，为知识付费产品提出了更高的要求和标准，用户关注的内容质量、产品细节，依然是知识付费平台的核心竞争力之一。而如果想要下沉市场的用户接受产品，为他们提供具有何种价值的内容，是所有内容从业者必须要思考的问题。不过数以亿计的下沉市场用户规模，给予了知识付费产品更大的拓展空间，这也已经成为必然趋势。

◉总结·◦

知乎正是凭借认真、专业和友善的社区氛围，结构化、易获得的优质内容，基于问答的内容生产方式和独特的社区机制，使无数来自各行各业的专家、亲身经历者、爱好者聚集在其平台上，进而以人作为节点实现优质内容的规模化生产和分享。

用户下沉让产品得到更大范围的传播，让产品赢得更多的受众，从而在下沉市场构建一个"产品赞助商"体系，让产品可以在下沉市场具有更广阔的前景和未来。

3.2 下沉市场用户的生活日常分析

在聊这个话题的时候，我的脑海里浮现出了当年我在家乡生活的样子。我来自东北某个县级市，全市常住人口不到20万人，两横两竖的4条大街将这个小城以"井"的形式分割，形成了九大块居民生活区。4条大街中有两条核心主干道，其中一条大路自东向西分布，市政府、公安局等主要政府单位的办公场所分布在大路的两边，一个中间立着一把金钥匙般高大建筑的环形路和一个四边形的十字路口，将这条大路分成了3段。另一条大街自北向南分布，一所高级中学和一所初级中学分别位于大路的两边，市里的重要商业设施都集中在这条大街的两侧，从而衍生出十几条小型的商业街道，如"发廊街""小吃街""菜市路"等名字接地气和极具小城特色的街道。

城镇居民的生活很简单，简单到让人感到乏味；城镇居民的生活也很复杂，复杂到让人感到琐碎。其实归根结底，无外乎"生活"二字。研究透彻城镇居民的生活，就能找到连接产品与居民的纽带，从而找到让产品进入千家万户的方式方法。

而县城作为下沉市场居民生活的载体和纽带，见证着三线及以下城市居民生活的日常状态，当我们在聊下沉市场用户的生活日常的时候，必然绕不开用户生活和生存的载体——县城。在下沉市场用户环境中，用户与县城相辅相成，不可分割。

3.2.1　下沉市场用户的生活状态详述

常年在大都市奔波的我们，是否还会想起儿时在县城生活的时光？习惯了便捷的地铁、公交为我们带来的便利，是否还会想起县城的交通状况？有各种品牌商场、娱乐场所打发时间的我们，是否了解那些家乡的同龄人在闲暇时间都在做些什么？在前文中，我曾用很简单的文字描写了一个县城居民的日常生活，接下来我们将对三线及以下城市的居民生活日常进行全面的介绍。

■ 日常生活状态分时叙述

我想以第一人称的表达方式，描述一位在某县城的某家单位上班的居民的一天。

6:00，我在自己家里的床上醒来，拉开窗帘，清晨的阳光洒在了房间的地板上。

6:30，为家人准备好早餐，同时将正在上小学的女儿当天要用的课本收拾整齐、装进书包。

7:00，将家里大致打扫后，一家人坐在桌边享用简单的早餐，期间询问女儿今天学校都有什么安排，电视里播放着早间新闻。

7:30，出门，先送女儿去学校。在路上遇见了邻居，他刚刚从早市回来，手里拎着两条活蹦乱跳的鲤鱼，说是刚打上来的。路上在同一个行进方向走路的都是女儿的同学和他们的家长。

8:00—8:30，将女儿送到学校之后，我便朝着单位的方向走去，路上的车辆和行人逐渐多了起来。我遇见同事小李，刚刚送完儿子的他此刻正骑着自行车往单位走。他朝我打了声招呼，约我中午一起去单位楼下新开的一家火锅店吃饭，说老板是他的一个发小，新店开业全场 7 折。

8:30，到达单位，看见新分配来的某大学生干事早已坐在他的办公桌前聚精会神地看着手机，我走过去拍了拍他的肩膀，发现这小子又在刷某音。

8:30—11:30，上午的大部分时间都在处理文件。期间听见旁边的女同事说她昨天在商场又买了一条裙子，旁边的另外一个女同事打开某 App 告诉她，在这上面买比在商场买能便宜一半左右。然后看见老妈通过微信给我转来了一个链接，跟我分享养生知识。

11:30，同事小李准时来到我的办公室，要带我去他发小开的那家火锅店，并且特别爽快地跟我说："今天我请客，别跟我抢啊。"

11:40—13:00，跟同事小李还有另外两个同事一起吃了一顿火锅。本来还有一个同事也要来，但是小李说那位同事的媳妇今天不在家，他媳妇临走之前特意交代要他回家给正在读高三的儿子做午饭，所以来不了了。

13:10—13:30，回到办公室的我趴在桌子上睡了一会儿，新来的大学生趁着午休的时间又打了一把游戏。我不禁感叹：还是年轻好，精力旺盛。

13:30—17:30，下午的工作显得特别漫长，我泡了一杯大舅送来的蒲公英叶子，最近上火，刚好能降降火。大舅住在离我们县城骑自行车不到 20 分钟的村里，他每年都会去附近的山上采摘很多的蒲公英，然后晒干，用来泡水喝，说是可以清火明目。他也养了很多的鸡鸭，在自家菜园种植了很多蔬菜。每到收获的季节，我们家的蔬菜基本上都是大舅送来的，绿色无污染。

17:30，准时下班，回家的路上妻子打来电话，让我顺路去把女儿接回家，今天课外补习班的老师有事，所以今天的舞蹈课取消。其实每天都是母亲去接女儿，只是正好今天有一个超市在搞促销活动，母亲跟邻居们去抢购降价商品了。

18:30，带着女儿回到家里，刚进家门，母亲也拎着大包小包的生活用品回来了，嘴里还嘟囔着："今天超市人真多，好像东西都不花钱似的。"妻子已经将晚饭做好，饭菜也摆上了餐桌，有我最喜欢的红焖鲤鱼，我打开冰箱拿出了一瓶啤酒，有鱼无酒总是觉得差了点什么。

19:30，晚饭过后，妻子陪着女儿在书房完成她今天的作业。母亲出门到楼下的小广场跳广场舞，她们的广场舞队要参加市里的广场舞大赛，最近正在加紧排练，以往每天只跳一个小时，最近有的时候会跳两个多小时。而我洗完碗之后，跟妻子打了一声招呼，就来到同一个小区的同事家，我们约好了今天晚上要打四圈麻将。

21:00，我回到家里，母亲和女儿已经入睡，妻子也将女儿今天弄脏的裤子洗干净晾在了卫生间，看见我回来，跟我说明天女儿学校开家长会，因为上次女儿在老师的水杯里倒了墨水，她不好意思去了，这次家长会让我去参加。我特别无奈地摇了摇头，边洗漱边思考明天应该怎么面对那位可怜的老师。

22:00，小城结束了一天的喧嚣，而我们一家也进入了梦乡。

这就是一个三线以下城市里的一位普通的居民普通的一天，这代表了大多数普通城镇居民的生活日常：柴米油盐，家长里短，平平淡淡，周而复始。在社交圈相对固定，娱乐方式相对纯粹，生活半径相对狭小的城镇，人们只在某些节假日会旅游和庆祝。在一年365天的大多数日子里，城镇居民每天看到的景象相对固定，每天接触的人群相对单一。

■ 居民的日常生活消费

居民作为用户群体的重要组成部分，也是下沉市场的目标群体。他们的日常生活消费，无非是柴米油盐酱醋茶，他们缺少更广泛的娱乐工具和平台。虽然下沉市场的消费者群体在"吃"上毫不吝啬花钱，并且一次聚餐的消费水平在很多情况下比一线城市居民的消费水平更高，但是就日常基础消费来说，因为房价、物价等因素的影响，会低于一线城市居民。

我的一位来自县城的朋友曾告诉我，在县城，兜里揣1000元，如果只是用于基础的日常生活，一个月都不在家吃饭都用不完。这不是一句玩笑话，而是客观事实。

在部分收入水平较低的县城，居民对消费价格非常敏感，在价格与质量之间，很多时候人们会优先选择前者。如果此时能为居民提供质优价廉的商品，那么自然会得到他们的青睐。

以保险产品为例，随着居民收入水平的提高，人们的个人健康保障和疾病防范意识越来越强，而新兴的互联网保险又为这部分居民提供了更优惠的价格、更优质的服务、更多样的选择。在很多县城中，高昂的大病医疗费用让很多家庭难以承受，而互联网保险的大病医疗险和医疗众筹模式，为这部分居民群体带来了希望。"水滴公司在下沉市场的边缘创新"的案例，就是互联网保险产品在下沉市场的动作及成就，在此就不过多陈述。

◉ 总结 ·◎

　　如前文所述，下沉市场用户群体的生活相对简单和平淡，这给予了更多的企业和产品开拓下沉市场的机会。随着经济的发展，下沉市场用户的人均收入和人均可支配收入正在不断提高，生活状态和消费观念在不断变化，他们希望通过一种全新的方式去感受不一样的世界，看到不一样的事物，而我们通过市场下沉为他们带去的产品，正能满足他们的这一诉求。

　　在业余生活相对枯燥、个人可支配的时间相对较多的县城，如何找到更多的娱乐方式成为县城居民，特别是青年和中年群体要思考的事情。麻将、扑克、游戏等是每一个县城的常见娱乐方式。如果能为城镇居民提供更多的娱乐选择，并不断地提高目标群体的娱乐热度和娱乐高度，自然也会在县城形成固定的消费群体，并直接取得非常可观的商业回报。

3.2.2　县城是下沉用户生活的载体和纽带

　　当我们在谈论下沉市场的时候，经常会以三线及以下城市作为下沉市场的目标。三线及以下城市代表的是我国近 3 000 个县级行政区划单位，也就是我们常说的县城。在本小节中，当我们聊到具体的案例和具体事务的时候，会以县城作为名称使用。

　　在人员流动不太频繁的城镇，外来人口不会引起整个城市的人群结构变化。北上广深等一线城市成为追梦者的天堂，因此也成为人员流入的目的地，而在大部分三线及以下城市，最大的人员流动就是乡村与城镇之间的人员往来。

第 3 章　用户分析：水能载舟，亦能覆舟，得用户信任者得未来　085

县城，作为中国行政区划单位的重要组成单位，是一个地区的经济、文化、政治中心，是一个地区内乡、镇、村的聚集地。

每一个县城都下设多个乡镇，进而辐射十数个或数十个行政村和自然村。而县城作为一个地区最大的经济体，聚拢了这个地区所有优质的教育资源、商业资源、行政资源和贸易资源。

■ 县城的中心作用

在特定时间，例如春节前，或者各种重大的假期前，县城就成为周边乡镇、农村居民的聚集地，人们或采购、或交易、或求学、或娱乐。

所以，县城作为一个地区乡镇、农村居民的政治、经济、文化中心，自然也就成为这个地区乡镇、农村居民的交流中心。在很多时候，普通县城与当地乡镇之间的界限会显得模糊不清，特别是在城镇化快速推进的过程中，县城与乡镇居民的生活差异正在不断地缩小，两者之间的连接比县城与省城之间的连接更加密切。

而在一定程度上，对认为北上广深等一线大都市遥不可及的乡镇居民来说，县城，就是他们心中的大城市。县城居民所传达的生活方式、所追求的现代时尚风格，都会直接影响乡镇居民的习惯。

■ 利用县城的中心作用，实现乡镇市场的布局和拓展

例如，当一个县城的居民在某一时间段流行穿某个牌子的服装，那么该县城下辖的乡镇的居民就会快速效仿；如果一个县城开了一家大型的游乐场所或者餐厅，那么该县城下辖的乡镇的居

民必然会成为该游乐场或餐厅的主要客源。每一个县城的商家，都不会忽视乡镇居民的消费能力，因为在一个常住人口只有十几万或二十几万人的县城，商家如果想稳定客源、提高客流量、加大营收指标，那么必然需要该县所辖的乡镇的居民贡献不小的力量。

人员流动带来的不仅仅是经济的流动和人力的流动，更带来了文化的流动。在移动互联网产品瞄准下沉市场、瞄准区县的时候，如何通过县城渠道来开拓乡镇市场，也为互联网企业提出了新的挑战。

当县城的年轻居民去更大的城市打拼，县城的劳动力在某些时间相对匮乏时，乡镇的年轻劳动力就会弥补这一不足。我们在拓展下沉市场的过程中，县城是我们抵达下沉市场的第一站，而乡镇、农村是我们拓展下沉市场的终极目标。但是对大部分的企业来说，拓展乡镇、农村的市场面临着人力、物力、财力不足的问题。在这种情况下，以县城为纽带，建立以县城为"根据地"，辐射县城周边乡镇、农村的渠道市场格局，就成为拓展乡镇、农村用户群体性价比最高的方式。以县城为核心，借助县城与所辖乡镇之间的人员流动和经济往来，面向乡镇市场进行产品营销推广，一方面可以有效地控制成本、节省人力，另外一方面可以借助县城的优质资源，实现目标市场的效果最大化，进而完成一个产品通过县城抵达乡镇的下沉市场布局。

◎**总结**·◦
　　对大多数企业来说，2 800多个县城将是他们的下沉市场的终点。就算它们对乡镇市场充满想象，但是受成本、时间等

因素限制，也很难直接将渠道延伸至乡镇。但是，其可以通过一个地区的中心——县城这个载体，实现乡镇市场的布局和拓展。

如果想要做好下沉市场，不亲自走访几十个县城，是不足以在这个领域发言的。因为只坐在会议室里面高谈阔论和想象，是无法对下沉市场产生真实的感受的。只有身临其境，才能感受这个市场的魅力和想象空间。

对做下沉市场的我们来说，与其在高档写字楼的办公室想象，不如找几个县城，在每个县城生活几天，或是回到自己的故乡，回味一下那些曾经的日子。这样，下沉市场的用户画像，就会深深地印刻在脑海里，为市场决策和规划提供最客观真实的数据基础。

3.3 以品牌感知用户，以用户运营用户

品牌对移动互联网产品拓展下沉市场具有重要意义，例如乡村淘宝在拓展乡镇的用户群体的时候，阿里巴巴和淘宝的品牌形象、知名度和美誉度都起到了很大的推动作用。与新兴的电商产品相比，淘宝在对移动互联网产品缺乏广泛了解的乡镇居民中的接受度更高。

3.3.1 品牌是开拓下沉市场的软性文化

自从业以来，我因为工作原因接触了大大小小很多公司的高管和创始人，以及众多从事品牌营销的工作人员和媒体界的朋友。在了解了众多不同类型的企业后，有了自己的一些体会。

■ 团队或公司缺少对品牌的重视

互联网公司，或者说绝大多数互联网公司对品牌的认知能力非常薄弱，对品牌不够重视，甚至在部分互联网公司，品牌被边缘化。而很多互联网公司的品牌从业人员，因公司投入少或者无投入，或是因在很多情况下品牌建设措施无法立竿见影，迅速产生收益或者量化考核指标，职业路径频频受阻。

很多互联网公司，特别是初创型和成长型的互联网团队，对品牌的认知依旧停留在开个微博、开个微信公众号、发几篇新闻稿等非常初级的阶段，同时还期望在零投入的情况下，这些方法可以为企业或者团队个人带来爆炸式的品牌传播效应。

■ 品牌是什么

（1）品牌是消费者对一个企业及其产品的一种综合性的评价和认知，包括产品的质量、售后服务、产品形象、文化价值、管理效果等事项。

（2）品牌是创立企业的人员或者管理人员，通过对企业日复一日的精耕细作及人员培训，以产品为形态与消费者建立起来的一种彼此信任的关系。

（3）品牌即文化，而文化的塑造，是一条漫长而又艰辛的道路。

而对下沉市场的目标群体来说，品牌、产品是否被大众所知，是否家喻户晓，在某些层面上决定着产品是否具有先发优势。

■ 提升品牌在基层市场的软文化

用户群体都有"跟风效应"和"攀比效应"的特点，加上下沉市场又具有"熟人经济"特征，所以一款具有强品牌的产品更容易在熟人社会得到有效传播。"刷墙"这个相对传统的品牌宣传方式之所以被越来越多的移动互联网企业在实际操作中运用，正是因为移动互联网企业发现了品牌在基层市场中的重要性。

产品想要进入下沉市场，首先需要做的一点是让目标市场的用户群体知道产品，"未见其人，先闻其声"。相比于北上广深一线城市的成熟用户群体，下沉市场的消费者群体对浩如烟海的移动互联网产品的了解程度还处于待教育阶段。而品牌的知名度，代表着这个产品和企业的自身实力，在买方市场占主导地位的今天，当类型相同但是生产厂家不同的产品摆在消费者面前供其选择的时候，除了商品的性价比之外，软文化更是一个核心考量因素。

■ 从 4 个方面判断品牌价值

在物资极度丰富的当今社会，"酒香不怕巷子深"已经不再适合作为一个产品或者一家企业的市场管理营销哲学。无论你是百年老店，还是新兴产业，无论你是"居庙堂之高"，还是"处于江湖之远"，"让别人知道你"应成为所有商家最先做的事情，而在这个过程中，品牌在无形中被抬升到了一个非常重要的位置。

我们在探讨品牌对企业或者产品的价值的时候，主要会从4个方面进行判断。

1. 产品和企业价值的集中体现

一个好的品牌代表了一种好的文化，企业或产品在做对外营销和影响力塑造的时候，品牌是最有力的工具。消费者对产品的重复购买使用，产品的质量、服务、售后等，都会使消费者产生消费记忆。久而久之，消费者就会对该品牌产生一种认同感，提高忠诚度。在消费者心中，有些品牌即代表了某个产品品类，例如"全聚德"之于烤鸭，"老干妈"之于辣酱，"王致和"之于腐乳等。当某个品牌成为某个产品品类的代表，说明品牌塑造达到了最好的效果。

2. 产品的分辨器和质量信誉的保证

当某个品牌具有了一定的知名度和影响力，就会有其他的品牌参照该知名品牌进行传播以混淆视听。在这个阶段，品牌明确的辨识度就是保护自身信誉的最有力的武器。例如某多多兴起后，市场上立刻出现了某夕夕的品牌，而我们在商店购买某个商品的时候，也经常因视觉的错觉购买类似某一品牌的产品。对知名品牌来说，总会有一些不法商贩以擦边球的方式进行仿照，清晰的品牌辨识度以及法律依据，就为品牌提供了自我保护的手段，也为消费者提供了可靠的消费保障。

3. 同行竞品之间的区分

在同一品类的商品中，消费者经常会根据自身喜好来挑选商品，品牌就为消费者提供了更多的参考。直接、好记、朗朗上口的品牌名称，也便于消费者记忆。在商品琳琅满目的今天，也有很多企业创始人直接以自己的姓氏或者某个常见、顺口的物品名称作为产品或企业的名字。但是归根结底，产品质量和服务依旧是产品制胜的法宝。

4. 品牌是企业的常青树

品牌即文化，品牌是企业经过一段相当长的时间，通过为消费者提供优质的商品、周到的服务而形成的口碑和形象。消费者因品牌选择产品，源于对品牌的信任和记忆，而这就为企业赢得了最忠实的客源。好的品牌已经不仅仅是一种产品的代名词，而是一种情感文化的宣传。这对企业来说是一种宝贵的无形资产，在无形中为企业和产品提供了最周到的保险。

◉总结·◦

对下沉市场来说，品牌营销可以理解为让你的产品"师出有名"。随着越来越多的移动互联网产品将目光聚焦在三线及以下城市，数以亿计的县城居民将面临前所未有的移动互联网产品教育和洗礼。

当一个家庭尝试着为子女选择在线教育产品，品牌的知名度就会令孩子父母认为其提供的师资更雄厚；如果某个县城居民选择互联网理财产品，产品的美誉度高和品牌所展现的综合实力强，将使产品成为这位居民在考察安全性后的首选。

产品的质量固然重要，但是产品的口碑就如人穿的衣服，能通过提升其外在的表现来体现产品的价值，这就是品牌的意义。相较于成熟的移动互联网用户群体，基层消费者虽然在某些层面上敢于尝试，但是更多的时候他们会选择在心理层面给人安全感的产品，品牌在这个时候就起到了推动作用。

我的一个儿时伙伴目前定居在吉林省的某个地级市，有一次我们谈到物流行业时，这位发小顺口说出了一句广告词：拉货就用货拉拉。虽然我在一线城市经常看见不同型号的货车车厢上面印着大大的"货拉拉"3个字，但是却没有料到，在东北的一个地级市，这个品牌的传播力度也能如此大。

■ "神奇"的品牌传播方式

当时我以为是这个朋友特意关注了这个品牌，但我深入地问了原因，才知道在这个地级市的街道上面也可以经常看见一些印着"货拉拉"3个字的货车在路上"奔跑"。视频聊天的过程中，他只有几岁的儿子也冲着屏幕喊了一句：拉货就用货拉拉。我的这位伙伴哈哈大笑地说："看，我儿子都记住了。"

我很少在一些高端的媒体平台看见这家公司的广告，对这个产品的品牌感知全部源于在城市的道路上面飞驰的印有"货拉拉"3个字的货车。我不太记得看见这3个字的具体日期，但是仿佛在一夜之间，这样的货车就在城市的街道上变得随处可见。而与这位儿时伙伴的谈话更让我清晰地认识到，这种品牌传播的方式，不仅在一线城市，在三线及以下城市同样取得了成功。

■ 快速的城市开拓速度

在深圳依时货拉拉科技有限公司（以下简称货拉拉）的业务版图上，出现了许多非一二线城市的名字：淄博、潍坊、吉林、邢台等。而在货拉拉的城市开拓速度上，也有非常大的进展：2015年，货拉拉在国内开通 11 个一二线城市的货运业务；2016 年，开通城市达到 39 座；2017 年，开通城市达 68 座；2018 年，开通城市达130 座；2019 年，国内开通城市达 286 座。这为货拉拉实现品牌快速拓展奠定了基础。

■ 渠道下沉、品牌下沉及用户下沉的三方共赢

在我看来，货拉拉的市场模式是一个渠道下沉和品牌下沉及用户下沉的三方共赢状态。货拉拉在所有城市的渠道全部采用自营，只有这样才能保障渠道和用户的安全，以及服务的可控。但令我意外的方面在于，货拉拉本质上还是一家创业公司，而物流行业本身就是一个非常重资产的行业，采取直营的形式必然导致业务量加大。在这种情况下，货拉拉还保持着渠道开拓的高速推进，我只能将原因归于这家公司的创始人和管理团队的魄力和勇气。

对于渠道下沉或者说市场下沉，业务主导人的魄力和勇气至关重要，且在很大程度上会影响业务的发展空间。

货拉拉作为一家互联网物流服务平台，需要做的是连接货运司机和消费者，既需要满足消费者对货运物流更丰富的消费需求，同时需要为这些用户匹配能够满足其需求的服务支持者（货运司机）。这是一个供需价值和供需比例的问题，任何一方的缺失或者不足，都可能导致整个平台的服务失控。货拉拉官方网站公布的数据显示，截至 2019 年，货拉拉平台月活司机数量为 44 万，月活用户达到 600 万，司机与用户之间的比例约为 1:15，相当于一个司机服务 15 个消费用户。

■ 独特的品牌下沉策略

货拉拉本地化运营的策略，不过是在不同的城市复制不同城市的货拉拉，在整体品牌之下，让货拉拉在各地开花。1 000 个城市就有 1 000 个货拉拉，这样不仅可以拓展其本身的业务空间，还可以借此开拓更多的周边服务。

而对于货拉拉的模式和成绩，资本市场给出了认可和最好的评价：2019 年 2 月，货拉拉官方宣布，公司已完成由高瓴资本 D1 轮领投，红杉资本中国基金 D2 轮领投的合计 3 亿美元的 D 轮融资。货拉拉官方在融资信息公告中表示，这轮融资将主要用于已有业务在中国、印度和东南亚等国市场的扩张，以及发展企业版图和汽车销售等新投入的业务。这个意图已经非常明显，扩张业务版图，构建更丰富的企业生态，将成为货拉拉未来的发展重点。而在这个过程中，下沉，将成为货拉拉的主要实施路径之一。

同时，中国庞大的下沉市场由 300 多个地级市和 2 800 多个县城组成，货拉拉目前只开通了 286 个城市，城市开拓占比近 10%，至少还有 90% 的市场空间等待着货拉拉去深耕，这是一个特别充满想象力的事情。

◉总结·•◦

充足的资金储备、可复制的业务模式、广阔的市场空间，在渠道、用户、品牌三重市场下沉的动作中，货拉拉正在享受着下沉市场给予的市场红利和市场机遇。

同时，货拉拉独特的品牌下沉策略，使其能以更低的成本和更高的频率，刺激下沉市场的用户感知，使下沉市场的消费

者群体逐渐形成一种独特的品牌概念：拉货就用货拉拉。通俗易懂、直截了当的品牌理念，更容易被下沉市场的消费者接受和牢记。

3.3.2　全民参与是品牌下沉的重要标志

鉴于品牌的特性和重要性，移动互联网企业在市场下沉的过程中，就不得不将品牌的呈现作为一个重要的考量标准。渠道下沉和用户下沉带来的便是品牌的下沉。

如果说渠道下沉是路，用户下沉是石，那么品牌下沉便是沿路的风景和装饰。让你的下沉市场目标用户感知你的品牌形象。传达品牌理念，打造属于你的品牌的时尚，可在整个下沉市场动作中从软性方面为你带来助力。

渠道可以变换，产品可以更迭，而品牌作为企业的灵魂，具有生生不息的活力和动力。

做品牌就是做文化，做文化就是做人心。

欲速则不达，水滴石穿，在当今商业社会，没有品牌的企业也许走得很快，但是绝对不会走得很远。

■　用户参与并拥护的品牌文化

品牌的另一个作用，就是可以让你拥有一批忠实的粉丝。他们喜爱你的品牌，认同你的文化理念，在不经意间成为你的产品的民间代言人和传播志愿者。"小米的 100 个梦想赞助商"就是一个典型案例。在小米的初创时期，MIUI 的内测用户只有 100 人。而这 100 人成为 MIUI 产品的核心用户，激励和支持着 MIUI 团队，见证着 MIUI 产品的不断发展。小米曾经专门制作了一个微电影来讲述这个故事，我看过之后非常感动，能将用户运营做到如此地步，不失为一种文化领域的成功。

当我们走进下沉市场时，对移动互联网产品的普及率会有别样的感受。记得三四年前春节回家，我看见母亲在用智能手机刷今日头条的时候，倍感诧异。因为在我的印象中，母亲能用智能手机就已经非常令人惊喜了，但如今，母亲还熟练地使用着一款软件，这让我感到非常神奇。

当我们进入下沉市场时，会发现那里的用户群体使用移动互联网产品的习惯正在悄悄地发生改变，用户的使用习惯由单一的使用正在演变成社区的联动、群体的互动。我们经常会发现在某个时间点，在下沉市场的用户群体中流行起了一款特定的产品，形成了一种独特的时尚文化，这正是品牌在下沉市场用户中强大的传播能力。

无独有偶，2019 年的中秋节期间，我回家探亲，发现了一件事情：母亲的手机每天都会在固定的时间点响起铃声，而每当铃声响起，母亲都会停下手中的事，急急忙忙地拿起手机忙碌起来。问过之后我才知道，某资讯类产品推出了一个种菜的功能，在每天的固定时间都会释放抢菜的机会。母亲的单位有一个退休职工交流群，打开之后我发现了一个非常有趣的现象：在那段时间，母亲和之前的同事们都在种菜和抢菜这两件事情上乐此不疲，甚至还会因为谁抢了谁的菜而争吵不休。这是一个非常典型的下沉市场全民参与的案例。

■ 让用户运营用户

我一直倡导的运营理念是"让用户运营用户"。一个产品在用户规模较小的时候，我们可以直接通过官方参与的形式来实现用户运营。但是随着用户规模不断地扩大，用户运营的工作也变得更加繁重，如果仍旧只依靠官方人员的力量，很难对全部用户进行有效运营。在这个过程中，让用户参与到你的运营环节中，是建立用户运营体系最有效的方式。无论是社群运营，还是活动执行，无论是内容生产，还是文案策划，都可以间接吸收部分用户来一起参与运营，帮助你管理某几个社群矩阵，协助你进行活动执行，发动更多的人进行头脑风暴，从而让创意更加源源不断。以产品内测为例，在每一个产品上线之前，我们都会进行内部测试，以验证产品的运行流程和体验，但是单靠一家公司的测试人员无法全面洞悉新产品在不同环境的不同反应。那么在这个时候，我们可以筹建一支由核心用户组成的"用户体验组"，让他们参与到新产品的测试环节中，丰富测试环境，进而提高产品测试的有效性。

小米给用户带来的参与感是我特别认同的方式，而仪式感又是参与感中非常重要的一部分。直到今天，我依旧信奉"全民参与"的市场战略。结合我国居民现状和历史文化，同样在商业环境下，发动用户、全民参与依旧是我个人认为最有效的市场运作手法，并多次在实践中得到印证。

让用户运营用户，不是将用户当作你的廉价劳动力，而是将他们当作你的 VIP，让用户参与到你的产品设计过程中，参与到你的市场运营过程中，让他们感知你们的变化、你们的进步，从而提高他们对产品和企业的认知。

◉总结·⊙

全民参与的策略，不是把所有用户都变成你的员工，而是让更多的用户动起来，以具有仪式感的方式，让更多用户在一定的阶段全面了解你们的成绩、你们的文化、你们的规划，从而使他们对产品和企业产生更大的期望，形成最坚实的粉丝群体。当你的 VIP 为你构建了一个又一个属于你的用户圈，当所有的用户圈汇成一个大圈，这便是你的商业版图，而你的用户就是你产品的万里长城，坚固雄伟。

3.4　用户下沉：接地气方能赢得信任

我曾经在不同的场合跟很多朋友分享过以下这个真实的故事。

■　业务过程中难免会有意见分歧

2018 年我刚接手悦动圈的城市运动团业务的时候，基于悦动圈城市运动团的现状和整个平台的情况，以及对未来发展的预测，我和我的团队在悦动圈城市运动团的基础上成立了一个民间公益运动组织——悦动圈同城运动联盟，即以地级市为单位将悦动圈的城市运动团进行系统化管理。因刚接手业务，面对的人群又跟在校园市场面对的人群完全不同，团队自然产生了很多的矛盾和纠纷。我刚接手这个业务不到两个星期，某地级市的16个运动团的团长之间就因为各自的运动区域和形式，以及对我们新成立的组织的错误认识产生了非常大的分歧。

我清晰地记得那天是周五，我跟我们具体负责悦动圈同城运动联盟的负责人说："明天早上我们过去，组织一场这个城市运动团团长的见面会。"负责人接到通知后，就立即通知了当地各个运动团团长，明确了具体的时间和地点。说实话，那是长期面对学生群体的我，第一次和与我母亲同龄的用户进行交流。

■ 沟通使得误会被彻底消除

那是一个位于海边的城市，我们抵达的时间是上午10:30，当地的运动团派出了两个团长到高铁站接我们。当我们抵达预订的酒店，其余的当地运动团团长都已经在房间内等候。一开始我真的非常紧张，因为我从来没有跟四五十岁的用户打过交道，但是几杯白酒下肚后，紧张感荡然无存。两个多小时的午餐时间里，我将我们的现状、规划，一一向在座的16名团长介绍，并对大家所有的问题进行了实质性的解答。当地各运动团之间的矛盾和对平台的一些误解，也在这期间被彻底消除。

我清晰地记得，最后某位年龄最大的运动团团长端起酒杯，对我说了一句我至今记忆深刻的话："单总，我们这些人做运动团已经很多年了，期间也接触了很多运动类的平台组织，而这是我们第一次见到平台官方的人员。你们为了过来跟我们吃个饭，特意在假期来到这里，我们很感动。我们相信，悦动圈同城运动联盟在你们的带领下，会越来越好。我们各个团长也会同心协力坚守组织文化，让悦动圈在我们这里发扬光大。"

■ 凝聚力、组织力让运动团蓬勃发展

如今，这个城市的 16 个官方城市运动团在 16 名团长的带领下，已经成为当地最重要的、最具影响力的城市运动组织。他们团结互助、荣辱与共。在他们的背后，是几万名城市运动爱好者，是这些人每天让悦动圈的旗帜飘扬在这个城市的大街小巷。

这就是三线及以下城市用户的淳朴，这就是信任的力量。

以这个事件为例，于公我是这个组织的发起人，是所有运动团的领导，我必须将规则和制度贯彻到底；于私我是这些叔叔阿姨的晚辈，他们是与我母亲同龄的人群，尊重他们是我要恪守和保持的底线。走近他们，我不再是一家科技企业的高管，而成了他们中间普通的一员。我不再坐在窗明几净的办公室里敲打着键盘，而要跟他们在一起，融入他们。

◉总结·◦

1. 在用户下沉的过程中，我们需要做的就是通过各种方式，拉近我们与用户之间的距离，消除与他们的隔阂，熟悉一个城市居民的生活方式和交流方式，熟悉你面对的人群的特征和个人喜好，改变自己，融入他们。你不再是一个大城市的白领，而是一个小镇青年，你不是去发号施令的，而是去服务倾听的。只有做到这点，你才能在这个陌生的领域，与那些素未谋面的用户以最快的时间成为朋友，从而打开下沉市场。

---

2. 2019 年，QuestMobile 发布了针对下沉市场的行业报告，主要针对下沉市场的规模、属性、潜力及不同类型的移动互联网产品在下沉市场的表现做了简要的分析。通过《QuestMobile 下沉市场报告：6 亿的下沉用户，千亿级市场该怎么玩》，我们可以清晰地了解到，下沉市场的用户规模超过 6 亿，并且下沉市场用户的移动互联网人均使用时长超过了非下沉市场用户，表明下沉市场存在着巨大的流量红利。

本书的第 3 章在撰写过程中，内容以《QuestMobile 下沉市场报告：6 亿的下沉用户，千亿级市场该怎么玩》中的相关内容作为参考，结合该报告阅读，可以更加全面地了解下沉市场及其用户，推荐读者通过 QuestMobile 查看完整的报告内容。

第 4 章

本地化运营

打造移动互联网产品的县域经济体

县域经济，是以县城为代表的一种经济结构和经济形态，以县级行政区划单位作为县域经济的调控主体，通过市场化的行为，对区域内的相关资源进行优化配置，建立起具有县级区域经济体特色的经济结构。县域经济是以县城作为经济中心，将乡镇作为区域经济的纽带，面向广阔农村市场发展的区域型经济。

2016年，为了发展陕西县域经济，陕西省人民政府印发了《陕西省县域经济社会发展监测考评办法》。

2018年，山东省委办公厅、省政府办公厅印发《关于加快县域经济健康发展转型发展的若干意见》。

2019年，四川省委、四川省人民政府发布《关于推动县域经济高质量发展的指导意见》。

2019年，湖北省重点关注县域经济发展。湖北省经济和信息化厅出台了《湖北省县域经济高质量发展三年工作计划（2018—2020）》。

随着全国各省市不断出台县域经济的相关政策和规划，发展县域经济已成为全国大部分省市发展区县经济的重要措施。无论是事业单位改革，还是城乡融合发展；无论是县级融媒体建设，还是特色产业小镇培育，县域经济发展已势在必行并卓有成效。

在大环境下，移动互联网产业与县域经济结合，将成为未来移动互联网市场下沉的重要趋势，推动移动互联网产品进行本地化运营，也将成为移动互联网市场下沉的主要手段。

4.1　用本地化运营实现市场下沉

100 座县城就有 100 种状态，虽然全国大部分的城镇在某种程度上有很多的相似之处，但是由于地域、经济、历史、文化、政策等因素，县城与县城之间仍然存在着不同。

南北方有地域差异，省份与省份的具体政策不同，甚至在同一省份的不同地区，同一政策也会有不同的展现形式和实施办法，这对移动互联网行业的市场人员提出了非常大的挑战。同样的方案，为什么在某些城市能取得非常好的效果，但是在某些城市效果总是不太理想；同样的产品，为什么能获得某些县城居民的欢迎和喜爱，但在某些城市总是找不到受众群体。

4.1.1　先决条件：如何做好本地化运营

本地化运营看起来非常美好，但是实施起来却是一件非常复杂的事情，其中牵扯到资金、资源、人际关系、人才、政策等方方面面的因素。对移动互联网行业来说，这是一个非常"重"的事情，也是很多互联网企业在市场下沉决策过程中一直在犹豫的原因之一。做好本地化运营，至少要在本地化运营过程中满足以下 4 个条件。

■ 产业布局本地化

以国际手机品牌为例，在过去的一段时间内，一些国际手机品牌在中国市场中叱咤风云，非常重视在中国市场的布局。如三星斥巨资在中国本土建设芯片综合生产工厂、产品包装和测试工厂，以及天津三星 LED 公司、苏州三星电子液晶显示科技有限公司、昆山三星电机有限公司、南京三星电子（中国）研发中心、深圳三星电子通信有限公司等。三星以"做中国人民喜爱的企业，贡献于中国社会的企业"作为在中国的发展目标，旨在实现全产业链布局，打造本地化渠道，提高研发制造能力，以及结合中国本地的人才、经济、消费者习惯等不同特性，使三星从"在中国生产制造"转变成"与中国开发创造"。这不失为一种非常明智的市场战略决策。

随着中国本土手机品牌的快速崛起，国际手机品牌纷纷减少在中国的市场份额，但是三星公司在推动中国事项、实现本地化运营的策略上的表现，依然可圈可点。

■ 产品服务本地化

在产品市场下沉的过程中，企业需要收集消费者的产品反馈并保障用户服务。而中国庞大的消费者市场、广阔的地域、多变的市场环境，为保障用户服务提出了非常严峻的考验。

我们不可能完全了解一个省份或者一个县城的消费者的具体情况和生活状态，这就给我们为消费者提供后续产品服务增加了阻碍，而使产品服务本地化，会让这个问题迎刃而解。

以中国领先的在线旅行服务公司携程旅行网为例，作为一家成功整合了高科技产业与传统旅行业的公司，携程旅行网自成立以来向全球超过 2.5 亿名会员提供了包括酒店和机票预订、旅游度假和商旅管理在内的全方位旅行服务。在被誉为互联网和传统旅游无缝结合的典范的同时，如何为数亿名平台消费者提供贴心的服务，就成为携程旅行网需要解决的问题。

在下沉市场的本地化服务方面，2016 年 4 月，携程旅行网穆棱呼叫中心作为携程旅行网在全国县级城市成立的第二家呼叫中心，在黑龙江省穆棱市挂牌成立，正式开始为携程旅行网东北地区的消费者提供呼叫服务。本地化的服务人员更加了解本地居民的生活状态，能提供更优质的服务。相对较低的人力成本和办公成本，相对较好的商业环境和政策，为携程旅行网提供了发展的沃土，也推动了携程旅行网在市场下沉的过程中，以本地化运营思路，实现地区全面发展。

■ 产品创新本地化

作为科技产业的代表，移动互联网产品代表着创新产业的进步。移动互联网产品迭代频率之快，行业发展速度之快，都令其他行业瞠目结舌。创新，作为移动互联网科技行业的核心能力和必备素质，决定了一家移动互联网科技企业保持强大的活力和生命力的能力。

同样的产品，在不同的地区和城市会有不同的反馈。

不同城市的宽带布局会有很多不同，那么对移动互联网 App 产品来说，就要根据各地区不同的宽带环境，制定不同的产品策略和功能改善方式。不同城市的道路网络不同,那么对汽车品牌来说,就要根据各地区的基础设施建设情况和居民收入消费水平,推出适合本地居民消费的汽车产品,以适应本地区市场的实际情况。

产品创新本地化,决定了一家企业在市场下沉的过程中,能够持续保持竞争优势和竞争实力。企业应结合本地市场的特点,在整体上不断地优化和细分产品,满足本地消费者群体不断提高的消费需求,在地方为自己构建一个坚固的隔离带,以免其他竞争者后来居上。

■ 资源配给本地化

基于市场下沉中产业布局本地化、产品服务本地化、产品创新本地化的特点,企业就要辅以资源配给本地化,以实现市场下沉中本地化运营的快速推动。俗话说,兵马未动,粮草先行,在资源配给本地化过程中,更重要的是财务预算本地化。

◎总结·◦

产品定位为本地化,就是在整个产品的大体系中,构建一个专属于某个地区的小型市场,这就要求我们从战略层面去定性和思考,并从战术层面去分析和考核。如果在本地化运营过程中,地方市场还在吃整体市场的"大锅饭",那么就很难体现本地化运营的特点和活力,也很容易使地方市场成为整体市场的累赘。本地化运营,要成为大市场的助推器,而不是累赘;要成为大市场的亮点,而不是全部;要成为大市场的利器,而不是包袱。本地化运营作为市场下沉的最好呈现形式,因具有

低成本、可量化、可预期、可生长等优点，将成为互联网企业推动市场下沉的主要选择方式。

本地化运营相当于一个集团下属的子公司，前期由集团公司调配资源进行重点支持，集团公司只负责资源配给，不干涉具体运营事务。当集团公司将子公司抚育长大，那么就要促使它形成自我造血和独立生存的能力。只有这样，子公司才能成为集团公司强大的助力，反之，就会成为一块顽疾，最后的结果就是除之而后快。

4.1.2　本地化运营策略与熟人经济的关系

■ 熟人经济下的本地化运营，更契合一方水土的地域文化

在下沉市场中，熟人经济也是一个非常明显的特点，所以在下沉市场进行用户运营、本地化运营的过程中，我们经常会需要处理不断出现和衍生的人际关系。熟人经济对移动互联网的市场工作者来说是具有非常大的挑战的。但越是这样，越能体现熟人经济在本地化运营中的重要性。

我们经常说"外来的和尚好念经"，但是也不要忘记了还有一句话叫作"熟人好办事"。

中国经济社会，特别是三线及以下城市的区县、乡镇地域，熟人圈层代表了这部分地区日常的生活场景和交易状态：买一条鱼，要去二大爷家的水产商店购买；应酬请客，正好老妈同事家

的儿子在"街里"开了一家新的饭店；走在大街上，迎面就会撞见有时候你都叫不上名字的姨和叔。习惯了在熟人社会生活的小镇居民，在接受新鲜外来事物的过程中，虽然充满期待，但是也会心存疑虑，而本地化运营，就为消除这些疑虑，并契合一方水土的地域文化提供了最好的手段。

■ 熟人经济让本地化运营更快落地

2017年5月31日，由中国路桥工程有限责任公司承建的，连接肯尼亚东部港口城市蒙巴萨与首都内罗毕的蒙内铁路正式通车。作为肯尼亚独立以来的首条新铁路，蒙内铁路全线采用中国标准、中国技术、中国装备，且双方签订了为期10年的运营维护合同，是一条采用"中国标准"全方位运营维护的国际干线铁路。而要在海外运营一条铁路，本地化人才必不可少。根据数据显示，目前在蒙内铁路从事运营工作的当地员工达1 570人，占运营团队的70%，其中不乏未来有望成为技术骨干的肯尼亚青年。中国路桥工程有限责任公司本地化运营蒙内铁路的方式，得到了肯尼亚民众的极大认同。中国路桥工程有限责任公司在运营蒙内铁路的同时，赢得了肯尼亚人民的好感，对中国企业走出国门，打造中国品牌具有非常重要的意义。

如果想要你的产品在当地生根发芽，就要针对你的产品或者模式不断地创新和改进，去适应地方的土壤、去感受地方的人文，只有这样才会被不同的环境所接纳。

每一座县城都有每一座县城的社会圈层和社交关系，造就了每一座县城独特的文化属性和城市气息。贴合每一座县城的文化，融合每一座县城的气息，社交圈层和社交关系是本地化运营中最为关键的要素。

4.1.3 本地化运营策略与千城千面的关系

近年来，在移动互联网产品运营领域，"千人千面"的策略被众多的互联网科技公司认同并被持续探索。我们期望通过"千人千面"的用户画像，对平台用户根据年龄、职业、喜好等进行标签设置、分组管理，以精细化运营驱动产品智能化。这是一种非常理想的状态，我们也普遍认为，"千人千面"的概念也代表着移动互联网产品未来的发展趋势和运营手段。

在下沉市场的运营过程中，因不同的城市具有不同的特点和现状，所以需要有针对性的精细化运营，这一点与移动互联网的"千人千面"特征非常相似。不同的城市有不同的经济环境和人文环境，根据"千人千面"的思路，我们可以将下沉市场的精细化运营称为"千城千面"。

■ 下沉市场千城千面的特征

本地化运营，是指在市场下沉的过程中，以产品特性和产品服务为基础，面向不同的目标市场和目标人群，结合当地的经济、文化、人才、政策等不同的实际情况，将产品与当地实际情况进行深度融合与改造，使其更适应地方特色发展，进而推动产品和品牌在不同的地区走出不同的发展路径的市场策略。

而在下沉市场环境中，每一个城市的经济、文化、政策、用户喜好均有不同。北方城市与南方城市之间、内陆城市与沿海城市之间、省会城市与省内其他城市之间，受经济发展、产业配套、地理位置、市场政策等因素影响，特点会各不相同。这就造成了下沉市场千城千面的特征。

如果将"千城千面"比作移动互联网产品未来的发展趋势，那么"本地化运营"就代表了下沉市场未来的市场格局。

以不同的产品，结合不同的县城乡镇的具体情况，深耕不同的城镇居民，提供同一类别但是又在某些层面上不同的服务，从而使渠道下沉更加高效。

■ 千城千面是本地化运营的优质土壤

千城千面，代表的是客观环境的不同，也代表着整个下沉市场环境的丰富多彩。越是复杂的环境越孕育着无限的可能，越是多姿多彩的市场越隐藏着更多的机会。千城千面所展现的下沉市场环境特点，在很大程度上，可以成为下沉市场开拓者未来的市场渠道"护城河"。因为对每个城市进行了解和布局，绝不是一朝一夕可以完成的。

本地化运营的重点，在于以战略规划和地方环境为基础，与地方市场进行相互补充和互相融合。下沉市场的千城千面，正是本地化运营得以发挥作用的优质土壤。借助不同城市的政策，了解不同城市的环境，洞悉不同城市的用户，依靠不同城市的优势，依靠本地化运营策略，让下沉市场的措施得以在每个城市发挥不同的作用。

◎**总结**··◎

  本地化运营包括产品的可延展性、品牌的可持续性、渠道的可多样化、人才的可培训化、资源的可复用性等多种维度。做好本地化运营，不仅需要加强产品和品牌的多样化，还需要充分了解目标地区的政策与市场现状，在不断探索与反复实验的过程中，使产品和地区市场之间产生化学反应，从而达到本地化运营的最终目的：市场下沉。

4.2 县域经济政策推动本地化运营落地生根

■ 河北省县域经济政策

2019年6月27日，河北省人民政府新闻办举行"促进县域经济高质量发展财政政策落实情况"新闻发布会，邀请河北省财政厅相关负责人介绍河北省促进县域经济高质量发展财政政策落实情况。按照《促进县域经济高质量发展十条财政政策（试行）》的有关内容和标准，共兑现 2018 年市县两级奖励资金 14.74 亿元。其中，高新技术产业发展奖励资金 1.36 亿元，主要是按照高新技术企业缴纳增值税增量省级分成部分的 25%，给予企业所在县（市）奖励，共奖励 71 个县（市）。根据不同企业的相关纳税比例，给予企业所在县（市）不同额度的奖励，共奖励河北地区 35 个县（市）。支持开放型经济奖励资金 2 亿元，主要是对出口退增值税总量、增量和增幅前 10 名的县市给予奖励。对各县（市）出口退增值税总量、增量、增幅进行排名，按 6：3：1 的比例，即总量 1.2 亿元、增量 0.6 亿元、增幅 0.2 亿元，分别奖励了总量、增量、增幅前 10 名，共 30 个县（市）。省对市奖补资金 1.9 亿元，主要是对使用自有财力支持县域经济和科技创新的市，分别按其补助所辖县市资金的 20%、25% 给予奖励，其中比上年增量部分，奖励比例再提高 5 个百分点。（来源：河北新闻网 2019 年 6 月 27 日，赵耀光）

■ **黑龙江省县域经济政策**

2019 年 4 月 9 日，黑龙江省全省推进县域经济高质量发展工作会议在哈尔滨召开。"县域兴则龙江兴，县域强则龙江强"的观点被黑龙江省委书记重点强调。黑龙江省委书记同时强调，发展县域经济，是推动经济高质量发展，实现全面振兴全方位振兴的必然要求；是承载农村劳动力转移，推进新型城镇化建设的有效途径；是保障和改善民生，实施乡村振兴战略的重要支撑。广泛凝聚各方力量，省直各部门、各市（地）、农垦和森工、驻省中直企业都要行动起来，举全省之力加快发展县域经济。要加强组织领导，为县域经济发展提供强有力保障。打造过硬县级班子，增强责任意识、担当精神，树立务实作风，落实好各项政策措施。

（来源：2019 年 4 月 9 日，龙视新闻联播）

■ 其他县域经济政策

《中共中央国务院关于坚持农业农村优先发展做好"三农"工作的若干意见》全文发布以来，县域经济被各级领导重点提及和关注。作为 21 世纪第 16 份聚焦"三农"的文件，这份文件提出，要发展壮大县域经济，引导产业有序梯度转移，支持适宜产业向小城镇集聚发展，扶持发展吸纳就业能力强的乡村企业。相关文件的出台，不仅对"三农"工作具有强大的指导作用，也对农村城镇化进程、城镇经济发展、县域经济等方面具有划时代的推动作用。

对县域经济以政策层面进行重点关注，不仅对全国 2 800 多个县城来说具有春天般的效应，也对致力于开拓三线及以下城市的商业市场具有机遇性的导向作用。特别是对处于科技前端的移动互联网行业，不断推出的县域经济利好消息，为移动互联网产品进入下沉市场提供了难得的契机。

4.2.1 县域经济的 4 个发展阶段

县域经济作为我国国民经济的重要组成单元，长期以来受到各方关注。在下沉市场的推进过程中，县城是重要的市场载体，而县域经济的现状和趋势，更是成为移动互联网产品在拓展下沉市场过程中不可回避的话题。全面了解和研究县域经济的发展及现状，有利于我们对下沉市场进行全面系统的判断。县域经济的发展，与开拓下沉市场的进程密不可分，县域经济的壮大为移动互联网行业开拓下沉市场提供了宏观条件。

■ 对县域经济 4 个发展阶段的解读

据中郡研究所调研数据，自 2002 年以来，县域经济的发展经历了 4 个发展阶段，现在已进入县域经济 4.0 阶段，也就是"县域经济高质量发展阶段"。

1. 县域经济 1.0

县域经济 1.0 阶段对应的时间大致是 2002—2007 年。该阶段特别强调县域经济快速发展和跨越式发展，发展壮大县域经济成为国家经济战略的重要组成部分。我们将这一阶段称为县域经济的春天，县域经济开始展现蓬勃的生命力。

2. 县域经济 2.0

县域经济 2.0 阶段的时间周期大致是 2007—2012 年。如何在县域经济发展的过程中落实政策方针，成为这一阶段需要解决的主要问题。

3. 县域经济 3.0

县域经济 3.0 阶段的时间周期大致是 2012—2017 年。此时我国国民经济实现从高速增长阶段转为中高速增长阶段，经济结构全新优化升级，从过去的要素驱动和投资驱动转向创新驱动。县域经济 3.0 阶段特别强调县域经济的质量、效益和打造县域经济升级版。

在这个阶段，县域经济开始由传统经济形态向科技创新发展。经济结构的变化为移动互联网产业进入下沉市场打开了政策的窗口。至此，县域经济开始拥抱移动互联网，全新的县域经济理念开始形成。

4. 县域经济 4.0

县域经济 4.0 阶段可以以 2017 年作为起始年。该阶段特别强调县域经济高质量发展。

在县域经济高质量发展阶段，"创新、协调、开放、绿色、共享"将成为全新的县域经济发展理念，差异化发展将成为县域经济发展的明显特色。而这又与移动互联网产业的发展在一定层面上具有非常高的匹配度。移动互联网行业的创新、开放、包容、科技，是县域经济高质量发展的新型助推器。智慧城市、智慧小镇、新农村等建设，均可以看见移动互联网的身影。

◉总结·◦

县域经济的不同历史发展阶段，代表着县域经济体制改革的不同方向，这也在一定程度上推动了下沉市场经济环境的变化，逐渐将县域经济发展和移动互联网行业紧密相连。从传统到创新、从封闭到开放，一方面是拥有巨大潜力但是急需改革的市场载体，另一方面是具有科技创新能力但是急需拓展市场的新兴产业，拥抱与融合，是时代的发展趋势。

4.2.2　利用县域经济推动移动互联网市场下沉

移动互联网产业的创新、开放、共享、绿色、科技等特征，符合县域经济发展的主流步伐。移动互联网产业的市场下沉，向区县走去，向城镇发展，符合国家政策号召，满足县域经济发展中产业结构改革的需求。同时，在县域经济快速车道上高速驰骋的区县、乡镇，拥有丰富的人力、物力等资源及开放、包容、热情的商业环境，与一线大都市紧张的社会资源和高昂的人力及土地成本形成鲜明对比。低投入、高产出、向区县下沉，将成为未来移动互联网产业的必由之路。

■ 引入多样化资本形态推动县域经济发展

招商引资已成为全国大多数区县人民政府的工作重点，通过招商引资推动区县的经济发展并提高城乡居民生活水平和区县富余劳动力的就业比例，也成为全国大多数区县主要行政人员的主要政绩考核指标。同时，实现区县的产业结构改革，推动扶持高新技术产业的发展，也成为全国大多数城市的共识和目标。

构建良好的招商引资环境，提供优厚的招商引资政策，区县为投资人搭建了一个足以让幸福感提升的成长空间。移动互联网产业已经不再局限在北上广深等一线大都市，业务分流成为主流大型移动互联网公司的战略举措。如位于宿迁的京东客服中心等，便是移动互联网布局下沉市场的典型案例。

■ 降维发展有利于县域经济的资源协同整合

俗话说，宁为鸡头不为凤尾。我们无意批判一线城市的资源紧张，同时也没有忽视一线大都市在经济、文化、政策、科技、人才等方面的重要地位和作用。但部分移动互联网产业对雇员的科研水平的要求不会很高，对高端人才的需求不是特别强烈。

相反，对人员需求量较大，对人力成本和土地成本相关因素较关注的产品来说，双总部策略或多总部策略、办事处策略或运营中心策略，离开一线城市、扎根区县市场、布局小镇居民、协同地方资源，可能会为这部分互联网产品提供更好的发展环境和发展机遇，同时可以减少大部分的人力成本和企业办公成本，并可以最大化地得到地方政策的扶持和关注，从而实现弯道超车。

■ "直播带货"体现县域经济发展过程的与时俱进

随着直播平台的不断发展，出现了一个新兴的职业：直播带货主播。自 2019 年开始，直播带货模式迅速崛起，依靠着直播平台庞大的流量，许多不同行业和不同身份的用户加入直播带货的浪潮。这些人一方面满足了品牌主的销量需求，另一方面充分利用了直播平台的流量红利，为个人找到了一条全新的收入通道。在所有的直播带货主播中，有一群非常特殊的群体备受关注。在抖音、快手等平台，这群特殊的直播带货"主播"均有一个"官方认证"的身份，就是被大家称赞的"县长直播带货"。

"县长直播带货"是发展县域经济的重要渠道，也是科技推动经济的重要表现。

在很长一段时间中，由于文化、观念的影响，农民接受新事物需要一个比较长的过程，而"县长直播带货"形式的出现，正起到了一个很好的示范作用。这一形式能引导农民利用科技平台和互联网产品，实现农业产品或地方特产的销售增长。县长直播带货弥补了下沉市场基层用户群体对移动互联网平台认知的不足，同时也为乡镇的发展带来了非常广阔的想象空间。

每一座县城都有每一座县城的优势，发挥每一座县城的优势资源，让好的资源得到有效利用，并发掘其商业价值以推动本地的经济发展，是县级领导干部的重要职责。

县域经济的飞速发展、政务创新的不断强化，"县长直播带货"的出现，可以说是下沉市场县域经济与移动互联网产业完美融合的典型案例。

◎总结·◎

本地化运营，讲究的是因地制宜、千城千面。

县域经济，倡导的是科学发展、绿色发展。

移动互联网产业作为高科技产业的代表，代表的是未来的产业模式，代表的是先进的发展理念，代表的是不断追求创新和不断进取的思想。

移动互联网产品需要通过本地化运营下沉到城镇市场，而区县需要移动互联网产业为他们带来全新的经济增长模式。移动互联网本地化运营策略，与区县产业升级的政策和环境结合，可以为我国县域经济发展树立全新的模范标杆，提供可持续发展的案例。

案例分析：菜鸟网络借助县域经济推出就业计划，推动市场下沉

2020年4月22日，菜鸟网络科技有限公司（以下简称菜鸟网络）官方微信公众平台发布了一则关于"菜鸟生态开启就业绿色通道"的消息。根据该消息内容，菜鸟网络已开启就业绿色通道，

联合菜鸟网络的生态伙伴，全年将开放超过 10 万个岗位，分别通过旗下的菜鸟驿站、菜鸟裹裹、菜鸟生态链、菜鸟点我达 4 个方面推出不同的就业计划。其中，在菜鸟点我达方面，菜鸟网络与点我达公司共同推出了针对下沉市场的业务布局。

作为由阿里巴巴、顺丰、申通、圆通、中通、韵达等联合成立的一家公司，菜鸟网络在同城配送、仓储物流等方面均有业务布局。同时菜鸟网络与"众包"模式的即时物流平台点我达此次联合推出菜鸟点我达的合作计划，更是推动其业务下沉的重要举措。下面，我们来简单看一下菜鸟生态就业绿色通道的大概规划。

■ 菜鸟驿站方面

2020 年，菜鸟驿站在全国百城开放了 3 万个站点用来支持"拎包创业"，仅 2020 年 3 月，就有超过 7 000 个家庭实现了本地就业，其中包括大学生、白领、教师等不同的人群。这种灵活的用工方式，不仅满足了菜鸟驿站在全国范围内对人才的需求，同时也为更多的就业者提供了除原本工作之外的其他工作空间，极大地利用了人才的空余时间，既满足了企业的业务需求，又满足了劳动力市场的多方面诉求。与此同时，高校毕业生数量的急剧增加，使大学生就业压力成为每年大家都在谈论的问题，而为大学生提供更多的就业机会和兼职机会，无疑为解决大学生就业问题提供了帮助。

■ 菜鸟裹裹方面

作为一款为消费者提供快递邮寄和查询服务的互联网工具，

菜鸟裹裹主要适用于全网包裹查询,支持不同电商平台网购包裹自动跟踪,覆盖国内外140多家快递公司。在2020年,菜鸟裹裹宣布将新增3万名专职"小哥",为其提供包括职业培训、订单支持等服务,依托菜鸟裹裹数字化的方式,让快递员普遍实现增收。我们都知道,"快递小哥"已经成为一个从业人员规模非常庞大的职业,工作范围遍布全国的一线、二线、三线、四线、五线城市和乡镇地区,为更广范围的基层市场提供了更多的就业岗位和就业机会。菜鸟裹裹不断增加的"快递小哥"的用人需求,证明其下沉市场方面业务正不断上涨。

■ 菜鸟供应链方面

据菜鸟网络官方信息,菜鸟供应链在2020年预计提供2万个就业岗位,并将在全国各城市和各物流园区全面开放岗位应聘。菜鸟供应链在下沉市场方面的这一业务拓展举措,为更多的下沉市场劳动力提供了可观的就业机会,极大地满足了部分城市对就业岗位的需求。其中,"供应链管理师"这类新兴的就业岗位,更能够革新传统劳动力市场对职业的认知,对下沉市场的用户感知具有很好的教育意义。

■ 菜鸟点我达方面

点我达作为一家致力于末端即时物流服务的"众包"模式的即时物流平台,通过以众包共享的物流模式,为用户提供直接快速、准时、可信赖的物品送达服务;可满足不同类型的消费群体在消费升级趋势下,对商品能"快速、准时"送达的诉求,将一键呼叫运力服务变为现实。据其官方资料,点我达的业务已经覆盖全国 350 多个城市,平台注册骑手超过 400 万人,有 250 万户商家和 1.5 亿名消费者在享受点我达的即时配送服务。此次菜鸟点我达合作计划的推出,将以面向即时物流从业者招募"城市合伙人"的形式,通过本地化的运营措施,帮助更多的城市用户转型为创业者。菜鸟点我达在开拓下沉市场的业务过程中,将帮助至少 5 万人就业。

◎总结·◎

国家统计局发布的数据显示,2020 年第一季度全国城镇新增就业人员高达 229 万人。庞大的市场容量及就业需求,推动了灵活用工领域的全面发展。而城镇居民不断扩大的就业需求,致使下沉市场方面城镇就业岗位明显不足,而一线移动互联网产业的高速发展,造就了更多的就业机会和新生态的岗位需求,例如快递小哥、家政保姆、视频主播等,而单靠一线城市的人才市场很难满足这类岗位的需求。同时基于个别行业的市场业务诉求,也要求部分移动互联网产品,例如物流、外卖、在线教育等深入下沉市场。在业务下沉的同时,实现用工的下沉,这也是另外一种形式的渠道下沉和用户下沉。

4.3 整合营销与代言人机制助力本地化运营

在 20 世纪 90 年代,美国西北大学市场营销学教授唐·舒尔茨(Don Schultz)提出的"整合营销"理论得到了商业社会的认可。

在唐·舒尔茨教授的观点中，整合营销是通过对不同类型的营销工具和不同种类的营销手段进行系统化的结合，并且根据不同的环境随时进行修正，以实现利益双方价值增值的一种营销理念和方法。

整合，就是把每一个独立的营销动作整合成一个系统的整体，并基于此推动不同个体在整体的框架下产生协同的反应。而整合营销是以消费者为核心，重新构建企业产品行为和市场营销动作，并尽最大可能调动更多资源的营销手段。整合营销通过一致的形象和信息，实现企业与消费者的双向沟通，并且迅速在消费者心中建立强势的品牌概念，搭建产品及品牌与消费者之间长期的共存关系，达到传播和销售的终极目的。

结合 2.2.2 小节可知，在市场下沉的过程中，无论是线上运营模式还是线下运营模式，都不完全符合下沉市场环境的特点。整合营销，恰好弥补了单一的营销方式的不足。

在互联网营销中，整合营销被赋予了更多的含义和工作。活动营销、事件营销、PR（Public Relations，公共关系）传播等营销方式的汇总整合，微信、微博、论坛等工具的统筹规划，在互联网整合营销过程中，以互联网为载体，以符合网络传播的方法和理念来展开实施的营销活动，成为企业提升品牌的公信度与品牌影响力、增强经济效益的有效途径。

在下沉市场的运作过程中，单一的市场营销模式已经很难得到消费者的认同和满足，而丰富的营销形态，有趣、有利、有益的整合营销思维正在重塑下沉市场的营销体系。

"搭个台子唱戏"的方式已经不再灵验，互动式、联动式、场景化、体验化的市场营销模式正在席卷县城的商场和乡镇的市集。而寻求营销事件的再次发酵和传播，也成为所有品牌对市场营销后续作用影响力所要追求的目的之一。

4.3.1 整合营销的四大特点与市场下沉

在本地化运营的实施过程中，整合营销具有非常大的促进作用。基于本地化运营的特点和下沉市场千城千面的环境以及下沉市场用户群体的特征，整合营销在很大程度上可以针对下沉市场进行全方位的渗透。

■ 整合营销的目的

整合营销的目的，简单来说，就是基于某个目标结果，通过运用 2 个或者 2 个以上的方式，整合市场动作所需要的相关资源，实现市场动作的一体化，进而达到市场效果的最大化。其实就是"1+1 = 2"或者">2"的问题。

■ 将整合营销的四大特点运用于下沉市场

1. 基础以整合为中心

整合营销以消费者为核心目标，通过综合利用企业及周边资源，实现企业市场行为的高度一体化，包括企业内外的资源整合、企业营销方式的选择、企业营销过程的控制，进而实现营销效果的最大化。

企业在实施某个市场动作的过程中，需要利用人、财、物等不同方面的资源。而在资源配置层面，有些资源来自市场业务本身，而当自身资源不足以完成该市场动作的时候，就需要协调企业内部和外部的资源，以支撑市场动作的实施。在下沉市场的市场营销过程中，很多时候需要调配更为复杂和丰富的资源来支撑市场营销活动，单一的企业一般很难支撑市场营销活动，这就要求在市场下沉的过程中，时刻保持整合营销的市场运营思路，对市场下沉的结果负责。

2. 追求系统化的管理

企业在整合营销过程中，需要不断地沟通协调所需资源来为营销服务。这就要求整合营销人员有足够的全局意识和系统化思维，能够做到物尽其才、人尽其用；能够充分协调调配相关资源，并提高各个方面的配合度和积极性。实现系统化管理，是整合营销的基础，也是整合营销整体环节中必不可少的条件。

下沉市场业务的负责人，更像是一名运筹帷幄的将军，进行布局、协调、统筹、分配，一个环节出错，就可能出现全局危机。

整合营销贯穿市场下沉的全部环节，作为下沉市场从业人员，除了对自身业务有所了解和统筹外，还应从更高的层面去思考问题。全局意识是下沉市场从业人员的必备职业素养。因为从业人员只有具备系统化的思维模式，才可以在复杂的渠道网络和市场环境中抓住问题的本质并解决问题。

3. 强调协调性和统一性

如果想要通过整合营销达到预期目的，就要保证整合营销团队及所整合的相关资源的步调一致、愿景一致、目标一致、思想一致，就像参加阅兵，所有人需要统一行动。听从指挥和组织性、纪律性是进行整合营销的人员的必备素质。

整合营销的协调性和统一性与前文所述的"渠道下沉体系建立"有很大的相似之处，或者说整合营销的协调性和统一性，需要依靠下沉渠道的体系化来完成。在规定的时间，完成规定的事项，组织性和纪律性至关重要。市场营销不排斥创新和机动，但是在既定规划内，需要严格地按照固定的轨道开展工作，环环相扣才能保障整体的营销效果。

4. 关注规模化的效应

整合营销作为目前市场营销的重要措施，其所动用的人力、物力、财力等资源相对庞大，资源的整合所带来的效应，不仅仅是一城一地的结果，而是规模化、集团化的战略部署和收益。所以，在制定整合营销的目标时，需要强化目标的规模化价值，关注其背后强大的经济效益，只有这样才能保障整合营销工作的投入产出比达到团队预期。

例如，在共享单车产品市场营销的过程中，规模化效应就特别明显。在某个城市投放 100 辆单车和投放 10 000 辆单车所产生的效果是不一样的，在一个城市投放和同时在 100 个城市投放，给予用户的市场冲击也有很大的差别。在移动互联网行业，"测试"是所有市场和运营工作的基础，简单来说，就是通过小范围测验，测试方案的可行性，进而大范围复制。这是一个非常谨慎的市场思路。但是在下沉市场，往往是小范围的测试看不到预期效果，测试范围放大 100 倍，产生的结果却超出了原来的预期。这就是规模化效应。当然，规模化效应在不同行业不同产品的营销中的表现程度不同，这就更加考验一个从业者的魄力和勇气。

◎总结·○

在市场下沉过程中，我们面对的用户群体更加立体和真实。他们不满足于单纯的虚拟环境的营销方式，更加热衷于场景化、体验式的消费环境。这就要求我们本地化运营过程中，需要搭配整合营销的市场策略去开展市场动作，为下沉市场的用户群体提供全方位的市场品牌感知，进而最大限度地获取市场营销效果。

案例分析：网约车产品进军下沉市场的机遇

生活在一二线城市的人们早就已经习惯了网约车带来的便捷。网约车产品已经逐渐将一二线城市的用户市场教育成熟，头部市场开始增长乏力、竞争加剧。基于此现状，拓展下沉市场就成为出行行业的必然举措。德勤咨询数据显示，到2025年，我国城市人口出行次数将达到每天25.08亿次，而其中有接近1/3的出行份额将会通过共享出行的模式去完成，共享出行已经成为人们出行必不可少的交通方式。网约车，将成为出行市场的主力军。同时，网约车产品进入下沉市场，需要结合不同城市的不同环境，全面整合当地的相关资源，进而以整合营销的方式实现产品和服务的最终落地。在单一城市开展业务很难形成规模化效应，因此在统一市场规划标准之下，实现全产业的科学系统化管理，成为网约车产品在下沉市场整合营销中需要遵循的重要标准。

■ 整合政策、市场、人才资源

县域经济的高速发展，推动城镇居民收入水平的提高和消费升级，不断膨胀的消费规模和不断迭代的消费观念，在衣食住行方面体现得最为明显。在网约车领域，截至2018年5月，全国300多个地级市中，已有逾200个城市出台网约车管理办法，规范化的网约车管理体系已在大部分城市基本建成。近年来，北京等省市陆续下发相关文件，推动新能源汽车替换燃油车方案的落实，为网约车产品进入下沉市场提供了政策保障。同时，随着城镇化的推进，城镇市场的人力资源市场呈现供大于求的态势，严峻的就业环境，让拓展更加丰富的就业通道更成为人力资源和政府相关部门迫切需要解决的问题，而网约车行业在推动就业方面可以为三线及以下城市提供多样化的解决方案。

政策、市场、人才，三方共同造就了网约车进入下沉市场的良机。

从政策角度看，县域经济的发展和地方网约车管理办法的陆续出台，为网约车行业提供了宏观的保障；从市场需求角度看，县域经济的发展和消费者对出行体验升级的需求，为网约车产品提供了充足的发展土壤；从人力资源角度看，供大于求的就业市场为网约车产品的司机端提供了丰富的人员配给。

■ **拓展下沉市场的系统化策略**

而网约车公司拓展下沉市场，主要可以分为3个层级的市场策略。

1. 地级市本地市场

以地级市为战场，制定地级市本地化的网约车市场拓展策略。全国有300多个地级城市，如果在这个数字上做好市场文章，将决定网约车产品在核心城市的战略布局。

2. 县际出行市场

随着城镇化的推进，县城与县城之间的交通变得更为繁忙和必需，县际出行市场的拓展，将成为网约车公司的工作重点。

3. 城乡出行市场

当县城成为乡镇的中心点，乡镇居民与县城之间的交流和往来更加密切。当私家车还没有全民普及、大巴车不能满足随时出发的需求时，网约车的加入，将满足乡镇居民的及时出行需求。

■ 进入下沉市场的阻力与协调统一

我曾经与某品牌网约车的工作人员有过一次交流，在谈到网约车进入下沉市场的困难这个问题上时，我们的观点出现了分歧。他认为，网约车产品进入下沉市场的阻力来自下沉市场的用户对网约车产品没有相关的消费习惯和消费心智。

而我的观点为，网约车产品进入下沉市场，面对的最直接的问题只有3个。

（1）价格问题。网约车产品如何打破本地早已存在的出行产品的价格壁垒。

（2）安全问题。这是网约车产品无论在一二线城市还是下沉市场，都必须关注的问题。

（3）竞争问题。出租车等主导着下沉市场的出行市场，而品牌化和平台化的网约车产品进入下沉市场，最直接面对的就是与出租车等的竞争。个人认为，这也是网约车产品进入下沉市场需要重点解决的问题。

俗话说"强龙难压地头蛇"，一个新兴事物在打破原有市场秩序的时候，面对的是已有秩序群体的强烈抵抗。网约车产品在进入下沉市场的过程中，不能忽视的是下沉市场根深蒂固的本地出行产品和行业的对抗。个人认为，这是网约车产品进入下沉市场最大的阻碍。联合本地出行产品，品牌与服务双向推动，将成为网约车产品进入下沉市场的最好策略。

作为服务型行业，为了保障客户服务的满意度和市场的标准化，网约车公司必须制定完善的服务标准和产品标准。统一标准、统一服务、统一理念、统一文化，让产品与品牌一致、让产品与文化一致、让品牌与文化一致，只有这样，才能树立网约车产品在下沉市场统一的品牌形象，提升品牌价值。而充足的车辆投放和服务范围的扩大，也为网约车产品在下沉市场深耕提供了更强有力的支持。我们可以试想一下，当你的产品不足以满足一个城市的用户消费需求或与用户数量不匹配时，消费者必然会对产品失去信心。所以，规模化效应的实现，有利于网约车产品的市场拓展。

◎总结·◦

我们看到很多的出行服务巨头已经或者正在打开下沉市场，而我们也见到越来越多的新兴出行产品将第一战场放在了三线及以下城市。虽然目前出行服务行业呈现"一超多强"的局面，但是在下沉市场，我们相信"硝烟"刚刚燃起。当一线城市的网约车行业已经出现"红海"效应，拥有8亿消费用户的下沉市场，会成就更多的网约车产品的未来。

4.3.2　用代言人机制推动整合营销

作为整合营销过程中的重要资源匹配，代言人机制的设立对整合营销工作具有精神层面或文化层面的引领作用。"头狼"效应充分体现出代言人机制在整合营销过程中的重要性和地位。

这里所说的代言人机制，不仅指邀请明星代言这样具体的行为，还指在整个营销环节中，以某个点作为中心点，所有营销过程以中心点为依托，进而达到整合营销的目的。具体而言，代言人机制指的是在某个时间段内，以某个人、某个组织、某个公司等具体事物为市场出发点，通过为其匹配相关所需资源，以抽象事物进行市场动作，使其成为某个产品或某家公司在一定期限内在某个地区的具体办事人。同时挖掘代言人的价值和资源，使之与产品和平台资源进行有效结合，从而使产品在市场下沉的过程中，能够快速与地方环境融合，进而达到下沉的目的。

■ 本地代言人的资源优势加速推动市场下沉

区县同样拥有不错的资源聚集平台，通过调研我们会发现，在每一个县城都会有一个或多个在当地拥有强大资源整合能力和执行能力的人或组织。而这部分人或组织，虽然拥有丰富的人际关系和本地资源，但是常常不知如何将资源进行变现，或者苦于没有优异的项目与其进行合作。而代表创新的移动互联网产品，结合国家县域经济的利好政策，通过本地优质资源平台进行落地，将为移动互联网产品进行市场下沉提供非常可观的落地效应和预期效果。

地方品牌在做市场营销时必不可少的一个环节是，邀请当地知名组织或者个人参与整合市场营销活动的环节，实现加速或者借力打力的目的。

移动互联网产品的发展，为培养地域性的 KOL 提供了肥沃的土壤。无论是一名拥有数十万名读者的自媒体人，还是在某个直播平台拥有百万名粉丝的主播达人，他们在某个地域的影响力丝毫不亚于当红明星，甚至在很多时候在某些地方比明星更具号召力和知名度。

■ 悦动圈——本地化运营策略中的代言人机制

以悦动圈为例，我在推动悦动圈本地化运营的过程中，曾在"自建分公司"和"地方合作"之间思考了许久。权衡利弊之后，我决定以在当地寻求合作伙伴进行深度合作的形式开展本地化运营工作。基于之前的资源积累，我们将悦动圈首个地方运营中心设立在了沈阳。这有两方面的原因，一方面我相对看好东北地区的移动互联网发展潜力和规模，沈阳作为东北地区的前沿城市，可以为本地化运营提供一个良好的范本。另一方面，沈阳本地的双创街是我们多年的合作伙伴，无论从双方的信任感考虑，还是从对对方综合能力的考量，双创街都符合我们理想的地区合作伙伴的标准。

经过多次调研和深入考察，我们选定沈阳双创街作为沈阳渠道运营中心的深度合作伙伴。悦动圈负责资源配给和产品基础支持，沈阳双创街负责项目落地和地方资源整合。沈阳渠道运营中心成立不到一个月，由沈阳双创街发起的，以悦动圈为平台的辽宁高校运动数据创新大赛在省市区三级领导的关注下正式启动，也宣告了我们本地化运营工作第一步的顺利实施。

而当地的合作伙伴，就是我们在沈阳的"代言人"。试想，我们最初如果选择了第一个方案，直接在沈阳以成立分公司的形式开展本地业务，那么办公、人工等成本及相关琐碎的流程，都将耗费我们大量的精力和成本。而选择优质合作伙伴进行深度合作，可以节约很多不必要的开支，并利用对方已有的平台和资源，直接使项目落地，以最快的速度开展业务。这对规模不是很大的互联网公司来说，不失为一种投入产出比较高的方式。

◎总结·●

如果说，整合营销的基础是责任人对一件事情的宏观意识和统筹能力，那么代言人机制奠定的基础，就是双方的信任感和责任感。彼此有共同的愿景、相同的目标，在合作过程中，可以完全背靠背地进行相互支撑，彼此坦诚与信任，是整个合作过程中的软性文化和基础。

本地化运营，需要整合营销方式，进行区域市场的深度挖掘，同时需要代言人机制的助力，让更熟悉本地的人才或组织去具体落实。充分授权之后，让"代言人"去推动地方整合营销方案的实施。"代言人"不是你的员工，而是你的合作伙伴，这就要求双方需要深度捆绑。一荣俱荣，一损俱损，是本地化运营代言人机制最好的状态。

而在培养这个状态的过程中，双方需要不断地磨合和沟通，将彼此最真实最直观的想法充分表达出来。同时要因地制宜，充分发挥"代言人"的作用及资源挖掘能力，并以最快的速度和最简化的流程，为"代言人"提供实现约定所需的资源。唇亡齿寒，是"代言人"与总部之间的关系；整合营销，是推动"代言人"进行下沉市场本地化运营的具体实施路径和办法。

4.4 悦动圈——县域经济＋本地化中心构建运动版图

在悦动圈 App 的市场规划中，我将传统增长模式、下沉市场模式和 ToB 业务拓展作为悦动圈市场布局和用户增长模型的 3 条通道。而其中的下沉市场模式和 ToB 业务拓展则是我个人认为的极具潜力和挑战的事情。

下沉市场模式和 ToB 业务：以组织县城用户和组织校园用户作为悦动圈面向用户形态的下沉市场策略，以本地化运营和校企合作作为悦动圈面向组织形态的下沉市场策略，以产品和运营作为常规的市场手段，通过整合营销，致力于构建自上而下、ToB+ToC 结合的运动健身流量池。

我在悦动圈平台工作的两年期间，与无数的运动健身用户进行了多次的深入交流，并从运动健康政策角度对下沉市场进行了深度的分析理解，因此对下沉市场的多种玩法有了更为直观的感受和更多的实战经历。

现在我们要讨论的，不仅仅是悦动圈的校园市场业务，而是从大市场层面，从行业高度和市场流量层面，对悦动圈的校园市场、城市运动团、B 端业务等多个维度的观察，结合我个人在整个环节中的判断和思考，来分析悦动圈在推动市场下沉和本地化运营中使用的策略和效果。期望能为大家带来更加丰富的认知和思考。

4.4.1 校园悦动社团——迈入下沉市场的基石之一

■ 校园学生群体对下沉市场的作用

当我们在聊校园市场的时候，往往只会关注到每一个学校内部的学生群体，也就是说只会关注到学生群体在校园内部的生活状态。但是校园市场和学生群体除了本身的价值之外，还有两方面的作用：一是学生群体是未来白领市场的主流人群，二是通过学生群体可以渗透到更广范围的三线及以下城市的用户群体。正因如此，做下沉市场就不可忽视校园学生群体对下沉市场渠道拓展和用户拓展的作用。

■ 打造悦动社校园运动联盟的思路

悦动社校园运动联盟，是我在小米供职的时候，帮悦动圈策划第一届百校大战校园跑步挑战赛的时候就取好的名字。根据对当时悦动圈平台的用户属性、产品特征、校园市场运动群体的现状等相关问题的调研和分析，在各个学校成立一个以悦动圈为承载平台的校园跑步社团，成为我运作悦动圈校园市场业务的中心选择。

基于校园跑步社团构建一个体系化、规模化、制度化的面向学生群体的校园运动公益组织，以悦动圈 App 校园专区为线上承载平台，以校园实体运动社团为运营形式，以多样化的校园跑步活动、校园体育赛事等活动方式为运营形式，成为悦动圈校园市场业务最初的纲领和思路。

很多人说，悦动社校园运动联盟这个玩法，传承了当年汤圆创作校园文学联盟的基因和思路，这点我深表同意。当单纯的校园大使模式已经毫无新意时，打造产品品牌化的学生社团也许对大部分校园业务的初期构建是一种最快、最有效的方式。

而后，当最开始的 100 个校园悦动社团完成搭建进入运营状态，当 2018 年百校大战校园跑步挑战赛结束后，2 000 所高校的校园悦动社团信息登记表摆在我的面前。2 000 所高校的校园悦动社团完成对线上专区的入驻时，悦动圈在年轻用户群体中的体系化布局完成了。而这也成为日后我们可以做更多其他事情的前提，为我们进行更广泛的市场布局奠定了资源基础。

4.4.2　城市运动团聚拢三线及以下城市用户市场

作为一个运动类的平台，运动团这种用户运营形态是相对核心的运营策略，所有的运动类平台都不会忽视品牌运动团的存在和价值。而悦动圈作为颇具规模的运动平台，以悦动圈为承载的线上运动团一直以来都是悦动圈核心用户的载体。而长时间的线上模式，加之运动团运营无组织、无纪律、无体系的弊端，使加强线上运动团的忠诚度、活跃性及黏度这一摆在我们面前最急需解决的问题的难度增加。

■ 悦动圈的下沉市场用户运营模式

经过与部分运动团团长的沟通交流，同时基于对悦动圈线上运动团的现状分析，依照校园悦动社的模式，打造一个面向全国城镇的线上＋线下的城市运动公益组织，成为悦动圈运动团的最终运营模式。以悦动圈同城运动联盟作为组织名称，城市运动团作为单个运动团的组织形式，以区县作为组织的地域结构，以同城活动作为组织的核心活动思路，以"服务官方运动团，服务悦动跑者"作为组织的纲领思想，以清晰的组织形态、完整的组织架构、规范的组织章程、明确的奖惩原则为基准，悦动圈同城运动联盟，这个以悦动圈为承载的城市运动公益组织，就出现在了大家的视线中。

■ 运营城市运动团的问题不在体系而在沟通

做城市运动团，最难的不是如何搭建体系，而是如何与那些分布在全国各地，有着不同背景、不同文化、不同兴趣、不同年龄的人群打交道。我们无法像对待学生群体一样去对待那些与我们父母同辈的人群，我们也无法像策划常规运营活动一样去策划城市运动团的活动。

在城市运动团的用户群体中，年龄偏大是用户的显著特征，无论从观念上还是从习惯上，我们与这些用户都有明显的代沟。

基于这个问题，我们首先从制度文化层面，明确了城市运动团的宗旨是"服务官方运动团，服务悦动跑者"，以服务者的姿态来面对我们的用户，这能直接拉近我们与用户之间的距离，增加我们与用户之间的信任。同时，在日常运营的过程中，我要求我们的一线运营人员以"有温度"的方式运营，以一个朋友或者晚辈的角度，与我们的用户进行沟通，而不是以公司官方人员的角度去面对用户，这样无形之中就增加了平台与用户之间的软性温度。与此同时，在运营城市运动团的过程中，运营团队保持着全天候待命的状态，用户的问题，在 5 分钟内必须解决。就这样，通过制度文化、沟通方式改革，转变运营思维，我们实现了面向下沉市场城市运动团的用户运营。

◉总结‧‧

　　做城市运动团是我们第一次亲身感受县城的情况，也是我们第一次大范围近距离接触年龄为35—60岁的用户群体。也是从那时候起，我看见了县域经济的发展潜力，更是从那时候开始，我见证了城镇居民对运动健身的热情和积极性。如果说，大部分学生群体对运动这个事情持一种被动态度，那么，县城居民，特别是35—60岁这部分群体，对运动就带有强烈的主观性，运动是他们的主动行为。

　　当大多数互联网公司在北上广深等一线城市遇到流量瓶颈时，城市运动团为我们打开了一片蓝海市场。当 5 000 多个城市运动团活跃在全国 2 600 多个县城，县城渠道覆盖率超过90% 的时候，城市运动团如同校园悦动社一样，为我们提供了一个意料之外的机会。先入为主的概念，以及接地气、人性化的运营纲领，让同城运动联盟这个组织成为一块吸铁石，更间接成为城市运动爱好者的家。同城运动联盟也为我们后续在全国的区县进行深度运营，提供了渠道基础和"根据地"。

4.4.3 B端产品构建多样化产品形态

在运营悦动圈校园市场业务期间，我经常与各大高校的学生和主管高校学生体育的领导进行沟通交流，而一个非常重要的机遇点也正是在这个时候发现的。在跟某高校主管学生体育的领导的一次交流中，对方提出了一个我从未想到的建议：悦动圈能不能提供一个可以帮助学校进行学生跑步运动管理的工具？

■ 校园运动管理亟待解决的问题

基于这个建议，我开始进行深入的考察和调研，发现在很多高校，校方会为本校的在校学生设定每学期的跑步运动量，例如每个学生每个学期要达到80—120千米的跑步运动总里程。同时，作为大学生体测的重要环节，这些指标与大学生的学分紧密结合。而高校主管学生体育的领导和老师在推动这个制度的时候，往往以手工或者实地监管的形式进行，一方面增加了主管老师的工作量，另一方面因没有一个标准化的工具作为依据，所以执行过程中有诸多困难。而业内可以提供这方面产品的平台屈指可数，就算有类似的产品，其功能也不够完善。

有需求就有市场，全国2 900多所高校千万名大学生的体测，就是校园体育运动的一个市场，而在国家政策和高校政策的双向驱动下，这个市场将具有更多的可能性。

■ ToB——多样化产品的方向确立

在2018年年底，我们结合调研数据和市场分析，着手成立了一个指向性非常强的项目组：ToB业务项目组。

以悦动圈校园学生体育信息管理系统和悦动圈企业员工运动信息管理系统作为主要的产品方向，以两个产品为基础，在产品功能和产品体验方面不断进行丰富。除了基础的运动数据统计功能，还添加了包括以日、周、月等时间维度，以个人、班级、专业或以个人、部门等团体维度为基准的排行榜，同时增加了21天打卡挑战赛、线上马拉松等多样化活动，实现产品的多样化布局，为高校校方和企业团体提供专门化的运动健康管理平台。同时，我们不断地调研，在调研的过程中不断地进行产品迭代，面对纷繁复杂的用户需求，我们经过对比分析和系统化梳理，对用户需求分门别类地进行归纳，并针对具体情况进行判断，最终形成以基础需求和定制需求两种需求为指向的产品策略。在迭代的过程中我们不断地吸取内测用户的意见和建议，不断进行打磨。

■ 悦动圈取得的成果

悦动圈作为一个以 C 端（指个人终端用户或消费者）为主导的产品，在 B 端领域等同于白手起家。虽然说之前有企业提供这样的 B 端产品，但是一直未大力推广。ToB 业务项目组成立后，相当于推翻了之前所有的 B 端产品架构和模式。产品经理深入市场一线进行考察调研，获取一手的用户信息，精益求精和用户体验成为整个 B 端产品架构中的底线和原则。在之前的 B 端产品设计中，我们经常忽略用户的现实需求，以我们自己的想法作为主要的产品设计思路，同时，之前的产品设计过于单一，无法满足用户的多样化要求。针对这些问题，我们在产品改革和产品创新方面，一方面以用户需求作为产品设计的基础，另一方面基于用户需求，丰富和完善基础产品的研发，致力于让产品满足大部分用户的需求。经过半年多的产品打磨和测试，2019 年 9 月，与悦动圈合作的院校数量突破 100 所，悦动圈服务的企业数量创新高，包括为君澜酒店集团、上海期货交易所等大型企业、机构提供运动增值服务。悦动圈的 B 端产品之路，终于步入正轨。

⊙总结·•｜

　　B 端产品，是一种周期相对较长、流程相对复杂的产品形态，但是在移动互联网流量获取遇到瓶颈的今天，单纯的 C 端产品已经不足以满足用户和消费者的需求，多样化的产品形态能够为不同的类型、不同场景的用户提供多样化的选择。单一的产品形态不再具备竞争能力，多样化的产品矩阵，可以为自己在竞争激烈的移动互联网行业建立更多层级的保护伞。不放过任何一个可能性，也许就是悦动圈 B 端产品最开始的研发初衷。最大的自由度和快速的资源匹配及执行力，也为 B 端产品的孵化提供了最好的土壤。缺少任何一个要素，也许都不能见到如今的悦动圈 B 端业务模型。

4.4.4　强强联合整合推动本地化运营落地

■　悦动圈业务稳定后的思考

　　当悦动圈校园业务和悦动圈城市运动团已经成熟夯实，当校园体育运动信息管理系统和企业员工运动信息管理系统两个 B 端产品趋于完善，如何使 B 端和 C 端有效进行结合，如何推动线上和线下的一体化运营，如何借助更多的政策红利和平台特性去开拓更多具有潜力的蓝海市场，如何聚拢更多的资源以整合营销的形式促使效果的最大化并实现多方共赢，成为我在 2019 年年初做年度规划的时候重点思考的问题。

本地化运营，打造运动健康产业"根据地"，是我找出的最终答案。沈阳市，也是我布局本地化运营策略的首选试验田。

■ 思考重点的层层深化

在整个 B 端产品设计过程中，除了专注于 B 端产品本身的产品创新之外，我们更加关注 B 端产品与原有的 C 端产品的融合。如果只是割裂地推动 B 端产品的研发，就会造成资源的浪费并使预期效果大打折扣。因此，我们在 B 端产品设计之初，就确定了前端多样，后端统一的思路。也就是说，两种产品形态，在底层技术方面是一致的，而不同的用户可以选择不用的产品服务，所得到的效果是不一样的。

与此同时，我们在推动校企合作和政企合作等 ToB 策略的时候，除了在线上为用户提供产品服务之外，还会以线下的形式为用户提供更多的服务模板。例如我们会与高校合作方共建校园运动社团，会支持企业合作方开展线下的主题赛事，通过结合线上的产品服务与线下的活动运营，实现线上和线下一体化运营的市场策略。

随着全民运动等健康政策的不断深化，高校体育信息化改革政策也在不断地推进，这就为我们提供了更多的想象空间和发展机会。助力全民运动全民健身的发展，帮助高校实现学生体育信息管理信息化改革，成为我们的 ToB 产品在发展过程中的红利机会。而在这个过程中，一方面抓住利好政策，另一方面以运动健康为入口和资源，为第三方平台和产品提供相关服务，从而实现资源的聚拢和整合，"1+1>2"的效果，就会逐渐显现。

■ 本地化运营最终落地

悦动圈与沈阳双创街于 2019 年 8 月正式签署战略合作协议，同年 9 月，悦动圈第一个本地化运营中心——悦动圈沈阳渠道运营中心在沈阳市皇姑区融合创新中心落地。悦动圈以 B 端产品为依托，负责在产品和技术等层面提供支持，沈阳皇姑区融合创新中心负责本地渠道落地和相关政企资源整合，双方共同推动悦动圈在沈阳地区运动健康产业生根发芽。

北京双创街投资管理有限公司是我做创业项目时期的深度合作伙伴，它依靠在全国 22 个省市的双创园区，整合了大量的地方优质资源。其在沈阳与沈阳市浑南区政府共同建立的浑南智谷双创街，是东北地区第一条创新创业集中展示型办公街区。在皇姑区建立的皇姑区融合创新中心，更成为一个典型案例，也成为我落地本地化运营策略的直接目标。

2019 年 9 月，由沈阳皇姑区融合创新中心联合共青团沈阳市委员会、沈阳市皇姑区人民政府、沈阳市皇姑区科学技术局等单位共同发起的"2019 辽宁高校运动数据创新大赛"正式拉开帷幕。该活动以辽宁地区全部高校作为活动范围进行全面推行，悦动圈校园体育运动信息管理系统进入一个新的渠道发展期，存在于辽宁各高校的校园悦动社和辽宁各地的城市运动团，由此得到了更大的发展和活跃。

天时、地利、人和，我们实现了悦动圈从 C 端到 C 端和 B 端并存的产品形态，使悦动圈本地化运营中心最终落地，使悦动圈多产品、多渠道、多模式的市场矩阵格局形成。

在实践中不断摸索，在创新中找寻机会，看到别人看不到的东西，去做别人不愿意做的事情，置之死地而后生，也许就是我在悦动圈工作的心得体会。期望这段经历和案例能够为更多的移动互联网企业和创业者提供更多的信息和参考，使其明白在推动市场下沉和本地化运营的过程中，可以结合自身平台的特点，通过资源整合聚拢更多有价值的人、财和物，进而在激烈的竞争环境中拼出一条意想不到的路，实现各自产品和团队的跨越式发展。以此共勉。

4.5 梁大侠——县域经济催生新生态酒业"黑马"

"梁大侠"作为新兴的小酒品类品牌，其产品自上市起就得到了我的关注。相比于移动互联网产品，酒类产品作为快消品，在下沉市场层面也许会给其他快消产品的营销更多的启发。而"梁大侠"将传统市场模式和移动互联网营销模式结合，同时面向北京市场和县城市场进行拓展的策略及取得的成果，更让我持续关注这个产品的市场策略。

抛开产品质量和文化塑造，"梁大侠"得以在县城生根发芽、"开疆拓土"，是县域经济的发展为其提供了孵化土壤。小镇青年的梦想和侠义文化概念的有效结合，使"梁大侠"在下沉市场如鱼得水。

■ "小酒"品类——白酒行业不可忽视的力量

白酒，作为贯穿中国文化的重要部分，自古至今都是文人骚客和寻常百姓家的必备品。无论是处江湖之远的街头巷尾，或者是居庙堂之高的商业宴请，白酒作为其中的重要媒介，一直以来都备受推崇。而拥有万亿市场规模的白酒市场更成为许多人竞相争逐的"战场"。

除了茅台、五粮液等知名白酒品牌在头部市场牢牢占据着话语权，在全国各地都有不同类型的白酒品牌"占山为王""分庭抗礼"。中国深厚的酒文化促使着这个古老的行业不断涌入新鲜的血液，日新月异的科技发展、居民消费水平的不断提高及餐饮业的繁荣，更让这个行业不断革新。

近年来，"小酒"作为白酒业的一个细分品类受到消费者和行业大力推崇。小酒，是小瓶装酒的简称，单瓶小酒的容量一般为50—250毫升。小酒的概念，是相对于流行的常规容量的酒提出的。目前市场上出现的小酒主要有四大类：传统小酒、青春小酒、情谊小酒、心情小酒。其中，绿色的红星二锅头、以情怀打动人的江小白、以功效为主要宣传点的劲酒都是人们熟知的小酒品牌。

据不完全统计，目前市面上的小酒品牌已达到200个以上。小酒品牌的百花齐放，让小酒成为白酒行业不容忽视的力量。

江小白的成功，仿佛一针催化剂让小酒市场瞬间热闹了起来。大量的小酒品牌如雨后春笋般出现在了人们的视野中，"江小白式营销"也成为众多小酒品牌争相效仿的模式，青春小酒也仿佛成为白酒年轻化的光明大道。而我们现在要讨论的，是在白酒年轻化上走出了另外一条路，以一只小黄瓶切入小酒江湖，在四五线城市取得巨大突破的"侠义白酒"品牌——梁大侠。

4.5.1 重新定义年轻消费群体的白酒文化——侠文化小酒

■ 侠文化的奠定

2011 年，一个名叫"金六福春节回家互助联盟"的品牌公益行动成为当年的全网热点事件，中央电视台新闻联播、《新闻周刊》栏目等纷纷对其进行深度采访报道。此后连续 6 年里，该活动让 10 万人搭上老乡的顺风车回家过年，解决了他们过年回家难的问题。而该行动背后的策划人，1982 年出生于湖南衡阳的傅治纲，2005 年从湘潭大学毕业走进金六福酒业销售有限公司（以下简称金六福）大门的那一天开始，就与酒业结下了不解之缘。短短 5 年，他就完成了从初入职场的管理培训生到全国一线品牌市场总监的华丽蜕变，成为这一中国民企 500 强相当年轻的高管之一。

在金六福的 12 年，傅治纲最自豪的不是开发了多少款销量过亿的产品，而是组织了"金六福春节回家互助联盟"活动，这个活动让他实现了他的武侠梦——侠之大者，为国为民；侠之先者，为亲为邻。儿时经常阅读金庸武侠小说的他，心中一直怀着这个武侠梦。在金六福工作 12 年后，2017 年，35 岁的他毅然辞去百万年薪的工作，开始创业。小酒，便是傅治纲团队为自己创业选取的赛道，梁大侠，是傅治纲为自己的产品取的姓名。

■ 让侠文化走进年轻消费者群体

在傅治纲看来，白酒之所以对年轻人越来越没有吸引力，根本原因在于白酒的口感、包装和品牌。传统白酒的口感较辛辣刺激，适合酒龄长的人，而对年轻用户来说，口感至关重要。同时，过于传统的包装和讲究面子的酒文化，不符合目前追求创意和个性的年轻消费群体的诉求。大部分的县城都有本地化的酒类品牌，而长年累月的市场消费，让下沉市场的消费者更加希望可以看到不一样的品牌，体验更加新奇的事物。

白酒一直被赋予商业范围的应酬属性，而年轻消费群体作为目前举足轻重的消费力量，其实一直被白酒业忽视。

作为一个北漂 12 年的青年和一位狂热的"80 后"武侠迷，傅治纲深知侠文化对当代青年的影响力，同时明白小镇青年对新鲜事物的诉求更加迫切。年轻人在奋斗路上需要朋友，也需要侠文化的鼓励。为年轻人打造一款专属的高品质纯粮酒品牌，让侠文化走入更多的年轻群体中，成为年轻人奋斗路上的同行者，倡导积极向上、健康的生活方式，成为梁大侠品牌创立之初的使命。

4.5.2　县域经济赋能梁大侠"开花结果"

■ 市场战略转变——迈入渠道下沉

与大多数品牌相同，在产品刚刚面世的时候，梁大侠选择了北京、长沙这样的大中城市进行重点突破，开展铺货和宣传，因为大中城市的消费具有代表性和模仿性。但是在实际运作过程中，除了一部分北漂、沪漂、深漂们对梁大侠表现出热情外，另外的一群人展示了他们更大的潜力和激情——这就是飞速崛起的四五线城市年轻人，即小镇青年。越来越多小镇青年通过各种渠道咨询梁大侠的代理事宜。

梁大侠的定义本就是处江湖之远，且众多品牌主攻的一线城市早已是一片红海，因此这个年轻的团队迅速调整方向——下沉，主攻四五线城市！跟品牌文化一样，团队文化的侠义和简单快速，让梁大侠得以迅速转变市场策略。

■ 转变后取得的成果

如果当初梁大侠团队没有进行市场战略转变，没有选择迅速加码四五线城市，那么白酒市场也许不会这么快就出现一个充满不一样气息的参与者；如果梁大侠依旧只停留在大城市的一片"红海"里面与其他品牌竞争，我们如今也就无法在全国众多市场品尝到这款高粱小酒的"侠肝义胆"。

从湖南第一个县级代理商签约，到如今覆盖全国的 200 多个县区并持续快速扩大的代理商网络，梁大侠只用了不到一年时间，并且前来北京总部咨询代理的客户越来越多，业务扩大的速度愈发地快。在线上＋线下的市场布局中，县城代理商（线下）的销售额占梁大侠整体销售额的95%以上。一年时间覆盖200多个县区，梁大侠创业不到一年所创造的奇迹，值得我们深入分析和钦佩。图4-1为梁大侠在下沉市场某餐厅的营销场景。

图4-1　梁大侠在下沉市场某餐厅的营销场景

4.5.3　接地气的推广方式，让梁大侠点燃"星星之火"

做县城代理商，对快消品来说主要有两个渠道铺货，一是饭店餐厅，二是超市商店。对此，我或多或少还是有一些个人见解和发言权的。这是因为我毕业后从事了近一年的食用菌等产品的销售工作，那是一个与互联网毫无关系的传统行业，而这其中的流程、利润及诀窍，是无法用互联网模式来解答的。这也是很多互联网行业者对传统行业不甚了解的原因，隔行如隔山，小酒品牌虽然经常被赋予一些互联网的玩法，但是归根结底还是一个传统的细分领域。

■ 扫街——常用的推广方式

扫街，是这个行业经常出现的词汇。一位梁大侠市场从业人士说，他们每去一个县城都会在当地的餐饮街以及小吃街从头到尾地走一遍，加上所有老板的微信，这是他们的日常工作。目前他们都是通过这种形式获取县城一级代理商的微信，让那些县城的餐厅老板通过工作人员的朋友圈，见证梁大侠的成长和成绩，从而主动申请进货。

■ 场景化营销——重要推广策略

场景化营销，是梁大侠推动县城市场营销的一个重要策略。在刚刚进入一个县城的市场时，梁大侠往往会和当地的代理商选择一家餐厅作为主战场，结合梁大侠的侠义文化，将餐厅布置得极具武侠特色，同时会要求餐厅的服务员穿上古装进行工作。消费者走进餐厅就仿佛走进了一个武侠世界，对缺少创意和新奇餐厅的县城的居民来说，这样的营销模式往往会得到消费者的追捧。

其实，场景化营销在快消品的市场营销中不算是一个创新，但是如何快速落地，与品牌深度结合并产生转化，就是进行场景化营销最需要解决的问题。

同样是餐厅的货品铺设，梁大侠主打年轻化、深夜系的餐饮店铺，烧烤、火锅、小龙虾、地方大排档这4类餐厅，是梁大侠的主要战场。这是年轻人最常出现的地方，也是年轻人聚会、轻松畅饮的场景。江湖菜系搭配江湖小酒，梁大侠以县城为模块，打造了一个又一个县城"小酒江湖"。

4.5.4 弘扬侠义精神，以文化打造品牌产品使其不断增值

2019年年初，由梁大侠和起点中文网联合发起的《梁大侠江湖外传》百万征文大赛的启动仪式，在金庸故乡海宁成功举办。梁大侠品牌故事片《北漂江湖梦》感动了所有的观看者。

从2018年开始，梁大侠连续在《狄仁杰之四大天王》《江湖儿女》《超时空同居》《动物世界》《一出好戏》《哪吒》《攀登者》《中国机长》等热门电影中深度植入，让其品牌得到广泛传播，其倡导的侠文化精神更是感染着一批又一批的影迷，将影迷成功转化为品牌粉丝。

梁大侠在实现品牌不断传播升值的同时，还吸引了更多县城代理商争前恐后地加盟，并增强了现有代理商对梁大侠品牌未来发展的信心。品牌与代理相辅相成，产品与文化融为一体，江湖酒馆成为梁大侠的小酒"根据地"。酒中有人，人酒合一，也许就是梁大侠团队的市场脉络。将一个产品用文化打造成一个IP，也许对品牌来说，可使其价值更易得到发挥和裂变。

愿这个初创品牌可以在白酒行业中越走越好，早日实现自己的武侠梦，也愿县域经济能够不断为梁大侠充分赋能，让文化 IP 成为县域经济的另一张名片。

◎总结·◎

1.梁大侠，是一个初创品牌在下沉市场打开局面获得初步成功的典型案例。我们在观察梁大侠在县城市场的成绩的同时，更应该思考其在县城市场的运作模式及背后的思路脉络。无论是快消品还是移动互联网产品，虽然产品性质不同，但是二者在很多层面的思路和规则是相同的。县城之所以可以赋予梁大侠更多的可能性，原因在于县城的发展潜力和消费潜力已经得到巨大的提升，而部分县城的主销产品无法满足这种消费升级的需求。当一线城市不再成为消费的唯一载体时，县域经济将得到飞速发展，让商业存在更多的想象空间。

小镇青年们的崛起也不可忽视，这个年轻群体蕴含的巨大能量正在改变中国商业。这群手里有点钱、在当地有点人际关系、对未来有点焦虑、看着武侠片长大有点武侠梦想和江湖情怀的年轻人，无法找到个人成长点和财富爆发点。梁大侠的出现——新产品、新营销、新团队，给了他们一个实现创业梦和武侠梦的机会。专业的市场操作指导和团队建设培训，让他们拥有了自己的团队和渠道，也拥有了一生的事业，"这瓶酒，点亮了你的江湖梦"。

2.在县域经济的发展过程中，县城的人才和用工市场也迎来了新的变革。县域经济的发展和更多的企业开拓下沉市场，在刺激下沉市场经济发展的同时，也为下沉市场的用户带来了更多的工作机会，灵活用工这一特殊的工作形式得到了越来越多下沉市场用户的关注和喜爱。无论是梁大侠的代理商模式，还是菜鸟网络推出的就业计划，都为下沉市场用户提供了越来越多的灵活工作岗位。

在下沉市场灵活用工领域，本书推荐由 58 同镇联合清华大学发布的《2019 中国县域零工经济调查报告》。该报告对下沉市场灵活用工和县域零工经济进行了多样的数据收集和分析，可以为读者了解下沉市场灵活用工情况提供参考。

第5章

校园市场运营

未来趋势——校企合作 +C 端运营

2013年，我入职小米负责整体校园市场业务，入职之后的6年间，伴随着职业生涯的发展和市场的变化，我经常会去不同地区的不同高校进行调研，分析每一年的学生群体的兴趣和生活，以此作为我做整体市场规划的基础判断信息。同时我也会观察不同类型的产品和公司在校园市场的动作及措施，分析他们每一个市场行动背后的动机并跟踪最终的结果，以此来判断对校园市场学生群体来说，到底什么是一成不变或者是不断变化的。

■ 线上＋线下——互联网产品的市场运营概念

2014年，我针对校园市场的运作模式，提出了线上＋线下的市场思路，同时坚信这是未来校园市场的必然趋势，以及移动互联网进行市场动作的必经之路。随着对校园市场业务的深度挖掘，我不断打破校园市场的边界，通过学生群体，我探索到了这种运作模式的更多衍生价值。而走出校园，通过学生群体，这种运作模式可以走向更为广阔的市场，也成为我最终对校园市场未来价值的判断。

线上＋线下的模式，是我一直推崇的互联网产品市场运营概念。从我个人来说，移动互联网产品如果需要被更多的消费者了解和使用，就需要实实在在地走到他们中间，与他们产生关系，产生温度。而对线上模式来说这是不太现实的，虽然互联网可以链接一切，但是从现实来说，单纯的线上模式终究有些空洞。

基于此，我将校园市场也列为下沉市场的一个重要模块，校园市场可以说是下沉市场中的一个细分领域市场。本章我将分享这两年对校园市场的观察及个人感悟，并提供从产品角度撰写的"完美校园"的案例，期待为大家带来不一样的阅读感受。

5.1 锁定年轻用户消费群体，让校园渠道助力市场下沉

有一次我在微信朋友圈里看到了一段话："在北京一所高校学生食堂门口的专用广告栏上，一名做校园推广的学生仅用了 10 分钟就贴了 5 家产品的宣传海报。每贴完一张海报并拍照后，他立刻用下家的海报把之前的海报覆盖了，默默为甲方心痛。"

其实，这就是现在的校园市场现状，虽然不能以偏概全，但是过去几年中我除了看到更多的巨头名企开始系统化进入这个市场，更看到了许许多多的品牌被所谓的"专家""大咖""渠道""模式"忽悠坑害。最直白的就是，钱砸了，资源投入了，结果呢？收效甚微。

最为关键的问题，是所有人面对校园市场的时候，都只关注一道道围墙内的校园，或者说仅关注 4 000 多万名大学生本身，而从未思考过，校园市场的价值究竟是什么。

5.1.1 校园市场的价值进化

自有"校园市场"这个概念开始，我们在谈论校园市场的时候，其实谈论的都是非常狭隘的校园市场观念。我们眼中的校园市场，往往指的是全国范围内的高等院校；我们眼中的校园市场，

往往指的是那些略显"与世隔绝"的书香校园。在我们的观念中，做校园市场一定要走进学校，走进宿舍，走进课堂。

但是我们却忽略了一个本质的问题：校园市场，只是一个与细分市场相关的名词，我们的目标往往不是校园市场，而是校园市场所承载的拥有巨大消费潜力和规模庞大的年轻消费群体。校园市场只是表象，而被校园市场承载的群体，才是本质。

■ 关注学生团体背后规模更大的下沉用户——学生家庭

我们在讨论校园市场的时候，总是关注学生群体本身，却忽视了校园市场的衍生价值。对校园市场来说，几千万名学生群体固然拥有很大的价值，但是相比较而言，其背后几千万个家庭所代表的以亿计算的用户的规模和消费潜力更大。同时，大部分的学生群体来自三线及以下城市，而其所在的家庭更是下沉市场的重要组成部分，通过学生群体渗透到下沉市场的家庭单元，对我们开拓下沉市场具有更加丰富的想象空间。

我一直坚持的另一个理论：学生群体是渗透三线及以下城市最有效的媒介。

学生群体流动性相对较大，他们来自四面八方的城镇、乡村，每年的暑假和寒假，就是他们在乡镇与大城市往返的时候。而校园市场的价值，不仅在于学生本身，通过学生群体渗透到更广泛的城乡市场，是校园市场的潜力价值，而学生，就是我们通往那个市场最好的媒介之一。

■ 校园市场不同层次的价值判断

曾经有一个做媒体的朋友问我，关注这个市场这么多年了，你所期待和向往的环境依旧没有出现，情况反而变得更加混乱和艰难，到底如何才能让这个市场变得更好呢？我记得我当时给出了一个特别激进的回答：所有企业，一年内，不踏进任何一所学校一步，一年之后，校园市场将会重生。

我知道这是不可能的事情，但是这绝对是我目前能够想到的让校园市场这个特殊的细分市场得以重生的最好的方式。回归纯粹，回归理性，回归价值，这是目前校园市场行业和校园市场从业者最应该做的事情。当然，这也许只是我的一厢情愿。我们没有任何一个人或者一个组织有这样的能力和资格可以统一所有人的意志，但是，这并不妨碍我们重新审视这个市场环境，以得到不同角度的思维模型。当我们只关注校园市场本身的价值的时候，其实对这个市场，至少还可从 3 个战略方向进行价值判断。

价值一：眼下的价值，4 000 万名在校大学生。

这是目前大部分的企业（在很多角度下，可以说所有企业）进军校园市场的直接目的或者说唯一目的。这个群体太有诱惑力了，4 000 万名具有朝气和活力且喜欢新鲜事物的用户群体，简直是大部分移动互联网产品的理想目标群体。大学生的衣食住行、教育就业、情感文娱，随便拎出来一样都足以成就一家细分行业公司的创业项目。但是正如我曾经评价校园社交产品时所说："所有的校园社交产品最后都不幸沦为校园广告产品"，想要获得这个眼下的价值，绝不仅仅是一个产品或者一个渠道可以搞定的。

价值二：未来的价值，白领蓝领的后备力量。

当我们谈论校园市场未来的价值时，相信也会有很多朋友理解。作为未来社会的主流人群培养地，校园是未来白领和蓝领群体的"黄埔军校"这个观点毋庸置疑。当我们想攻破白领和蓝领群体的时候，我们很难去写字楼和工厂里面搜索，但是我们可以在这个群体还未形成之前，培养他们的用户习惯和消费习惯。在这个方面，校园市场就成了首选。

无论是一款软件的使用，还是一种生活方式的养成，校园都成为产品教育用户现有的课堂。但是问题随之而来：在这个追求短平快的社会，在这个大部分人只关注眼前利益而忽略长远价值的时代，有多少人有这个耐心、精力及资源，去慢慢地耕耘和培育？我曾经看到一句非常喜欢的话："要一直坚持去做我们认为对的事情，坚持去做别人认为非常难的事情，只有做需要时间积累的事情才会有更大的价值。"对校园市场来说，正是如此。

价值三：背后的价值，城乡经济的"星星之火"。

可能很多朋友不太理解这个理念，但是身边可能也会有一些朋友非常清楚这个价值的可贵。当北上广深等一线城市的消费市场出现饱和，下沉市场的空间和未来得到了所有人的认同和向往，而总是身处高档写字楼敲击键盘的我们，对下沉市场来说却显得不那么接地气，如何找到或者如何接触这个市场的人群，是所有看中这个市场的人直接面对的一个问题。而高校学生，当之无愧地成了你的代言人。

■ ToB 与 ToC 结合的优势

校企合作＋C端运营（社团）的校园市场运作模型，必然成为未来校园市场行业的主流形式。取得校方授权，培养学生的实践能力，获得企业的目标需求，呈现品牌教育意义，校企合作，需要平衡高校、学生、企业和社会 4 方无数人的利益，平衡、共赢和价值，是校企合作的出发点，也是运作核心。

单一的以校园团队为渠道载体的校园市场运作模式已经乱象百出、瓶颈凸显，校企合作就必然成为所有校园市场规划和布局实施过程中必须要攻破的壁垒。

在校企合作中，所有校园市场行业从业者和其背后的组织领导，都需要从零开始学习。复杂的校务关系，谨慎的决策思维，多方的利益博弈，都考验着操盘这个事情的人的综合能力。校园市场的 ToB 战略，可以让你的 C 端策略师出有名、事半功倍；校园市场的 ToC 战略，可以让你的 B 端模型更加丰满、正向反馈。当两者结合，我们相信，绝不会只产生"1+1 = 2"的效果。

◉总结·◉

我们的高等院校基本都位于一线和二线城市，但是我们不要忘记了一点，较多高校学生却来自三线及以下城市和乡镇、农村，他们是不可忽视的重要力量。在城乡经济发展的背后，高等院校的学生对科技与家乡的连接起着重要的纽带作用。在新兴事物的传递、先进文化的传输、前卫理念的传导中，学生群体在都市和县城之间构建了一条隐形的通道。通过学生，搭建通往那个我们不熟悉的城市的道路；通过学生，对话那些听不懂我们在说什么的人群。你觉得，校园市场，还仅仅只是校园市场而已吗？

5.1.2　何为校园市场

在我们谈论校园市场与下沉市场之间的关系的时候，不得不再次谈论"校园市场到底是什么"这个话题。

■　校园市场的系统化定义

我在撰写《校园市场：布局未来消费群，决战年轻人市场》的时候，曾就校园市场的定义咨询过数十位的校园市场从业者、企业高管、媒体人、高校教师及领导、在校学生等与此相关的不同类型人群，最终针对校园市场下了一个系统化的定义。

"校园市场，等同于年轻消费者市场，专指大学、中学、小学、幼儿园范围内，用户年龄主要为3—25岁、拥有巨大消费潜力、规模庞大、传播能力强大的细分领域市场。企业或组织深入拓展校园市场，目的在于撬动年轻消费群体，通过品牌塑造、用户推广、产品营销、公益导向、政策指引、校企合作等方式，满足企业或组织对年轻消费群体的某些诉求。同时，学生或学校通过校园市场整合、筛选更多优质社会资源，实现学生群体的某些诉求。校园市场，是整体市场营销类别中的一个细分领域，是企业和组织与学生和学校之间沟通、了解、熟悉的通道和方式。"

■　校园市场用户与下沉市场用户的关系

基于校园市场的定义，我们可以发现，校园市场所承载的学生群体，基本上都是没有收入的，而支撑这部分群体的人群，有较多是处在下沉市场、年龄在30—60岁的成年人群体。通过拓展校园市场，将学生群体培养成产品或品牌的媒介，通过他们使产品或品牌触达下沉市场的用户群体，不失为校园市场的一个重要的延展作用。

时至今日，大多数人或者企业，对校园市场的理解还处于校园渠道或者校园推广的范畴中。校园市场，对互联网企业的最大价值在于新增、活跃、品牌、内容。而互联网企业对校园市场最大的，或者直接的诉求就是新增。很多企业的校园市场业务无疾而终，正是因为这样的原因。而也正是因为这样的问题的出现，导致很多不错的校园渠道成为互联网行业刷用户的载体。双方受害，最终损失的是校园市场业务本身。

我见过很多人把如今校园市场行业的混乱局面归咎于学生群体或者商业企业，认为企业太过急功近利，只想要获取回报，认为学生变得唯利是图，只关注利益。虽不可否认有这些现象，但是换句话说，事情都不是绝对的，而是相互的。还是那句话，你用什么样的心态和方式做事，换来的就是什么样的结果和团队。当大多数企业或者产品在校园市场折戟沉沙时，我们是否可以换另外一个思路：通过校园市场，开拓下沉市场。我们可以说这是一个破界思维，也可以说这是一个跨界理论。我们不得不承认，在很多时候，打破固有思维，以出其不意攻其不备的思路去做一件别人没有想到的事情，也许会得到意想不到的效果。

◎总结·◎

　　在我们的固有思维中，校园市场指的只是学生群体本身，但是当我们将眼光放得更加长远和开阔时，会发现通过校园市场可以看见不一样的色彩。承上启下的优势地位，赋予了校园市场对下沉市场不一样的地位和定义。校园市场的破局，除了校园市场本身之外，下沉市场的开拓可以称作校园市场的第二曲线，也可以赋予校园市场更多的潜在价值。

5.1.3　何为校园团队

"做校园，一定要建立一支校园团队"这样的思维似乎一直伴随着校园市场行业的发展，校园团队也似乎成为所有校园市场项目的标配。我们看到了各种各样的称谓与活动，但是基本上都如出一辙、换汤不换药。从校园大使，到校园BD（Business Development，商务拓展），再到校园社团，校园渠道的组织形式也一直是我不断创新和变革的领域，但是我也非常清楚其中的弊端和鸡肋之处。

当你想通过校园市场打开下沉市场的大门，校园团队自然成为我们首选的一个方式。我们长期以来对校园团队的定义无非是某个学校里面的校园代理人，但是我们没有去设想过，当在校学生在在校期间走出了学校的大门，是一种什么样的场景。

■　校园团队的专属性

做校园市场，搭建一个专属于品牌或产品的校园渠道团队，是一个校园市场业务的基础和核心，也是企业通过校园市场渗透下沉市场的主要路径。注意，我强调的是"专属于"这3个字。为什么我要强调这3个字，原因有两个。

1. 精力问题

我从来不相信一个人能同时把多件事情做好。一个人的精力有限，在一段时间内，能专注做好一件事情，将其做细、做精、做得有深度，就已经非常难得了。

2. 身兼数职

我见过很多学生，一个人担任着几家甚至十几家公司的校园大使或者省队主管。我也见过一些公司把校园团队外包给执行方，由第三方来组建自己品牌的校园团队。可想而知，这样的校园团队的执行力和忠诚度到底有多少，不过是虚张声势，面子工程而已。

可能很多人会说，你单兴华曾经不也同时担任多家公司的战略顾问吗？怎么有资格说别人！

这点我承认，但是如果你真的了解，你就会发现，在我担任战略顾问的多家公司里，这些公司的校园团队都不是互通的，全部都是独立存在的。换句话说，A 公司的校园团队人员，不可兼任 B 公司的校园团队职务，以保障各校园团队的独立性和专属性。同时，我个人的工作重点都放在了主营业务上，对于顾问公司，我只负责其整体方向，而不是具体执行。若非如此，我什么事情都做不好。

对校园团队来讲，他们需要进行的是项目的具体执行、落实，这就要求其具备专属性。

■ 校园团队的 3 个要素

检验一个校园团队，需要考量 3 个最基本的要素，这 3 个要素也是决定你能否通过你的校园团队拓展下沉市场的核心要素。

1. 团队执行力

执行力是一个校园团队最基础最核心的素质，令行禁止是保证较高执行力的关键要求。作为一个企业的校园团队，如果连执行力都没有，那么这个校园团队也就没有了任何的意义和价值。我们需要的校园团队，是一个坚决、彻底执行任务的团队，只有这样的团队，才能保障你所有的策略和规划真正落地。

2. 团队忠诚度

忠诚度是决定一个校园团队稳定性的基础因素，需要由你的文化理念和方向确定。如果别人随随便便就能将你的校园团队的管理人员挖走，则说明你这个校园团队负责人是失败的。

3. 团队凝聚力

一个具有想象力和发展空间的校园团队，必备的是强大的团队向心力和凝聚力。团队凝聚力需要日积月累、慢慢培养，需要让整个团队经历一个又一个挑战，不断地攀登高峰、不断地"打仗"，在"炮火"中得到锻炼。

■ 校园团队的本质是兼职团队

校园团队，本质上是一个兼职团队，依靠的是一个完整的体系和制度，依靠的是明确的目标和量化的结果，依靠的是兼职人员本身的执行能力和契约精神，依靠的是一个组织的文化感召和品牌赋能。而在所有依靠的因素中，最无法掌控的便是个人的执行能力和契约精神，正是因为如此，才会出现很多校园团队虽然热热闹闹，但是无任何本质作用的现象。透过热闹背后，这个兼职团队能够为我们带来什么，我想很多初入行的校园市场从业者都没有想明白。

校园团队，是一个校园市场业务的基础和核心，也是渠道下沉的最好方式。所谓成也团队、败也团队，我见过太多的虚张声势和夸夸其谈，而要组建一支能做大事的校园团队，绝不仅仅是拉一个群、开一次会就能够办到的。如果将校园市场比作一片草原，那么你的校园团队就应该是"星星之火"，最终化作"燎原之势"！

我们必须承认的是，校园团队对校园市场来说具有独特的作用。校园团队可以让企业更快、更准地接触学生群体，并完成一些非常基础性的目标和职责，为一个校园市场的前期开拓起到破冰的作用，但是，很多时候仅此而已。如果再更加深入地挖掘，我们不得不承认，很多事情一名兼职学生是做不了的，而很多企业却希望校园团队去完成一个全职员工才能做到的事情，我们不能说兼职学生全部做不到，但是至少这样的人非常稀少。

■ 百城家乡跑——通过校园团队开拓下沉渠道

在 2018 年，我通过校园团队试水了一个品牌活动：百城家乡跑。7—8 月的暑假期间，是很多做校园市场的朋友休息的时间，我利用自己的校园团队，在 100 个城市开展了为期 1 个月的跑步挑战赛。方式非常简单，我们在校园团队内部选择了 100 名来自不同县城的学生。这些学生暑期回到家乡，通过联系自己高中同学、初中同学、亲戚朋友等方式，组建所在县城的运动团，并担任每个运动团的团长，代表各自的县城来参加我们的"百城家乡跑"活动。当秋季开学的时候，原本由学生担任的运动团团长，交由运动团内部常住在当地的人接任。就这样，我们通过学生团队，在100个县城建立了我们想要的城市运动团，从而打开了下沉市场渠道开拓的局面。

校园团队，是一种校园市场的渠道开拓和渠道运营模式，但这只是一种模式，不是唯一的模式；是可选的模式，不是必选的模式。不是所有的企业做校园活动都需要自建校园团队，因为最后你会发现，可能100家公司在某个学校的校园兼职人员，都是同一个人。

◎总结·◦

如果你想通过校园团队去拓展下沉市场，那么必须要保证你的校园团队是能经受住"战火洗礼"的团队。按照周期来判断，那么我认为，如果你的校园团队是一个成熟的团队，并且已经在校园市场运作超过了两年，那么就可以尝试一下让你的校园团队走出校门，去探索一下下沉市场。但是如果你期望从零搭建一个校园团队，使其直接去敲击下沉市场的大门，那么我个人是非常不建议的，毕竟所耗费的时间和精力可能会让许多人无法忍受。在这个时候，选择与那些成熟的校园渠道团队合作，理所当然成为我们的首选。让校园团队不局限于校园市场本身，也是我们对校园渠道团队进行的价值升级。

鞋子合脚与否，只有自己知道。别人的成功方法未必适合你，盲目模仿，最终只会画虎不成反类犬。

5.1.4 需要找什么样的人

做校园市场，首先要解决选人和用人的问题。如何确定校园市场负责人，是所有公司搭建校园团队时都会思考的问题。我每一次跟别人聊到校园市场，也会被问到，到底应该选什么样的人来做校园市场。如果你想通过你的校园渠道试水下沉市场，这个人的选择就尤为重要。其实对于选人，主要是选两种人：校园团队总负责人（最好是全职员工）和校园团队核心人员（在校学生）。

■ 校园团队总负责人

这个选择的错与对，决定着一个校园团队最后的成败。换句话说，这个人如果选错了，会导致你的校园业务失败或者停滞。对于这个人，需要考量的因素很多，最基础的包括性格、对校园业务的认可程度和热情、做事情的自我驱动力、沟通能力、表达能力、执行能力、统筹能力、是否用心等。

选校园团队的总负责人就如同选择上战场的将领，要综合评判目标人选的整体素养，除了看他在做什么，更要关注他是怎么做的，不要只是道听途说，相信别人对他的评价，要学会自己去判断。选对了，事半功倍；选错了，害人害己。在这里，我想举两个例子。

1. 前完美校园全国校园团队总负责人——张鑫涛

这是一个比较特殊的例子，因为当时张鑫涛同学还是西安欧亚学院的在校学生。我担任完美校园的校园市场顾问的时候，他还是完美校园的校园团队中的一名校园大使。从一名校园大使，到一名大区负责人，再到一名全国校园团队总负责人，论行业资源，他基本为零，论行业经验，他也基本为零，但是就是这么一名学生，所表现出的职业素养和工作态度，真的令很多工作数年的职场人汗颜。我看过他写的几篇关于校园团队和校园渠道的文章，还将文章分享给了很多同行和自己的团队伙伴。就是这样一名学生，肯学、专注，独立思考能力强，擅于主动推动一些事情，不像许多人那样等待索取。这样的素质，正是一个校园团队总负责人应该具备的。

2. 前搜狐资讯校园团队总负责人——王永楷

永楷之前在百度供职，负责过百度的相关校园团队业务，在此之前，他曾是小米校园山东团队的一名校园 BD。我第一次听说搜狐资讯校园团队，是在我们自己的校园团队中听到的。说实话，搜狐资讯校园团队的成立时间，不是一个好时间，为什么？因为是在暑假之前，学生都在备考期。这样的时间，绝对不是启动一个校园团队的最佳时间，但是就是在这样的时间点，永楷硬是完成了搭建搜狐资讯基础的校园团队的任务。敢干且不按常理出牌，也是一个校园团队总负责人必备的职业素质。

■ 在校学生——校园团队核心人员

对于这部分人员的选拔，我近两年可谓是感受颇深。记得我有一次跟一些公司的校园团队总负责人和校园市场行业同行在一个交流群里聊到如今的校园团队和校园大使，大家都有各种感慨和无奈。期间也聊到了一些我们都遇到过的一些学生，大家对这些学生的评价竟然出奇地一致，而那些专注、单纯、纯粹的学生，则得到了大家的普遍赞扬。

我经常对身边的一些朋友说，目前学校里面的学生在校园市场领域可以分成 3 种类型。

第一种：占本校学生人数 1% 的校园活跃分子。

这部分学生经常与社会上的企业打交道，为各种类型的企业开展校园推广业务。他们有自己所谓的校园团队，也有自己认为正确的校园推广方式，在他们眼里，做校园市场要开展的工作无外乎拉新、注册、卖货等。这部分人群，是目前各企业拓展校园市场的常用人员。

第二种：占本校学生人数 4% 的校内学生干部。

这部分学生也经常与社会上的组织和企业打交道，但是他们不是专职做校园推广的，他们以校内事务为主。

第三种：占本校学生人数 95% 的普通学生。

这部分学生才是校园市场真正的意义和价值所在，他们才真正代表了全国学生群体的现状，代表了中国校园市场的潜力和未来。

但是很遗憾，目前大部分校园市场业务，接触的都是第一种和第二种人群，并没有真正渗透到第三种人群。我也一直倡导，搭建校园团队，要找宛如一张白纸的团队，从零开始培养，这种团队的价值和凝聚力，可能更加符合企业利益和价值。他们虽然没有丰富的社会实践经历，也不懂得什么是校园推广团队，但恰恰是这样的学生，能够为你的校园团队和校园业务创造奇迹。

◎总结・・

选出什么样的人，就会带出什么样的团队。纯粹、专注、有热情、执行力强、踏实、不要小聪明，是我选人的标准。

如果你以校园市场作为下沉市场的敲门砖，那么校园团队总负责人的选择就显得尤为重要。这个人不仅需要充分了解校园市场的相关操作策略，同时，还要能够清晰地看到校园市场对下沉市场的价值。意愿二字，就成为选择团队总负责人的另外一个标准。同时，以 1% 的校园活跃分子去撬动 95% 的校园普通学生，进而通过后者打开他们背后的下沉市场，才是以校园市场的形式打开下沉市场的正确方式。

5.1.5 关于校园活动：少量赞助，谢绝自娱自乐

市场活动，无论对校园市场还是下沉市场来说，都是一个必不可少的环节。如前文所述，我曾经通过校园团队在三线及以下城市开展了第一次"百城家乡跑"活动，其实就是复制在校园市场开展的"百校大战"活动。这一案例可以证明校园活动与下沉市场的活动在很多方面是可以互通的。

■ 校园活动要素及赞助建议

每次我给企业做内训的时候，聊到活动策划，我都会强调 3 个要素：有趣、有利、有益。这 3 点是开展活动的必备要素。无论是线上的活动策划，还是线下的活动执行，面对校园活动，这 3 个活动要素都适用。经常也会有朋友问我，对于学生活动，应不应该赞助？这里的赞助，指的是企业为学生社团的活动提供资金，借助学生社团达到商业目的。对于这个问题，我给出的答案永远都是不建议，原因只有一个——没有意义。

如果资源充足，可以提供奖品或者物料赞助，但是提供资金，个人是不建议的。

我从事校园市场行业 10 年，从未赞助过学生社团，虽然每天都会收到各种各样的赞助邀请，但是我秉承的原则从来都只有一个：所有的资金经费，只用于自己的校园渠道团队；所有的资源，优先调配给我们专注的校园渠道业务。

■ 校园活动策划前的思考

我经常问我的同事："你组织的这个活动，你自己想不想参加？是不是包含了有趣、有利和有益 3 个要素？"己所不欲勿施于人，在活动规划上也是如此。不要为了搞活动而搞活动，你不要去策划，要让学生自发去策划，真正懂学生懂校园的，只有学生自己。很多时候校园市场的从业者会坐在办公室里起草千里之外的学校的活动方案，这种方法无异于闭门造车和纸上谈兵。

渠道人员要走出去，深入各个学校，只有实地勘察，才能了解学校的现状。就像做下沉市场，如果不亲自走访几十上百座县城，是无法对下沉市场有一个基础的认知和判断的。每年的 8 月中旬，我都会抽出半个月到一个月的时间，一个人去各地的学校走访，虽然这个时候学生正在放暑假，但是这么走一圈，对下半年的校园市场和活动规划，自己心里就有了谱，也不至于只能依靠汇报和照片做决策。

■ 关于校园市场业务的个人忠告

对于校园市场，以下这两句话是我这几年最真切和最真实的感受：夸夸其谈的人总是层出不穷，躬身入局的人却寥寥无几。口若悬河者多，实干踏实者少。

进入校园市场行业 10 年，有人退出，有人进入，希望从业者多些实干，少些吹嘘；多些踏实，少些套路；多些务实，少些浮夸。让校园市场，真正地成为企业、学校、学生、产品之间的良性通道，实现共赢。

对下沉市场来说，校园市场只不过是打开下沉市场的一扇门而已。我们如今聊校园市场与下沉市场之间的关系，无论是从市场的切入点和人员的选用，还是从活动的开展，所表达的只不过是对那些没有接触过下沉市场的产品和企业来说的。如果想拓展下沉市场，可以通过下沉市场与校园市场之间的媒介——学生来切入。但是毕竟通过校园市场拓展下沉市场有主观和客观方面的局限性，进入下沉市场，可以通过学生，但是深耕下沉市场，校园市场的载体可以起到的作用也许就不尽相同了。

◎总结 ·。

校园市场，国内年轻消费群体最大的承载体，在2013年至2019年期间，经历了复苏、疯狂、膨胀、落寞、孤寂。这个细分市场的发展轨迹如同过山车，见证着许多企业的布局和开始，也祭奠着许多组织的衰败与消亡。一个个校园创业项目的偃旗息鼓，一个个校园团队的此起彼伏，一个个校园市场从业者的豪言壮语和销声匿迹，如舞台剧般，你方唱罢我登场，后浪前浪共欢腾。在很多的校园活动中，校园市场行业从业者或者品牌方单纯地追求便捷，以赞助的形式来开展校园活动，最终往往都没有获得预期效果。做校园市场和做下沉市场的异曲同工之处在于，都需要躬身入局，没有捷径可走，只有脚踏实地、身体力行，才能获得最终想要的结果。

5.2 完美校园——以科技之力推动校园信息化生态建设

学生群体对下沉市场的用户和渠道具有补充和增长的作用，如何在校园的"小社会环境"中牢牢地抓住这部分群体，是所有关注校园市场的企业和从业者长期以来都在思考的问题。传统的单纯以学生团队为主的校园市场运营模式已经无法适应这个市场的发展，而校企合作将成为最具价值的校园市场策略。

高校信息化建设涉及企业、高校和学生三方利益，而新开普电子股份有限公司的完美校园 App 在校企合作领域多年的深耕，足以为我们提供最真实的范本。学生群体对于下沉市场的价值，主要体现在单个用户层面和具体组织层面，而完美校园，正是从组织（校企合作）层面挖掘学生群体对下沉市场的价值。

完美校园除了在校园信息化建设方面取得了骄人的成绩，在培养学生用户使用习惯的同时，还通过学生这个媒介，推动了城镇生活信息化建设的普及，这也许是其间接的长远意义。

5.2.1 从"玩校"到"完美校园"的进化背景

2019 年 1 月 7 日，新年的钟声还回荡在祖国大地的上空，一切事物仿佛都随着元旦的到来开始了全新的篇章。辞旧迎新成为那段时间的主题，规划未来亦成为那些日子里每一个人、每一个组织都在做的事情。位于河南郑州的新开普电子股份有限公司，同样以一种不一样的方式宣告着新一年的到来。

■ 新开普电子股份有限公司发布公告

新开普电子股份有限公司（以下简称新开普）第四届董事会第十八次会议决议，同意蚂蚁金服的全资子公司——上海云鑫创业投资有限公司（以下简称上海云鑫）出资2.5亿元对完美数联（北京）科技有限公司（以下简称完美数联）进行增资。本次交割全部完成后，完美数联的注册资本将增加至2 857万元，新开普持有60%股权，上海云鑫持有30%股权。上海云鑫提名的一位董事及一名副总经理将在完美数联任职。

至此，蚂蚁金服完成了对全国最大的校园一卡通运营商——新开普及其旗下的校园信息化平台完美校园App的战略投资，宣告着这个在校大学生必备软件即将开启新的征途。而增资后的完美数联（北京）科技有限公司，将成为完美校园的主运营机构。这一消息一经公布立刻震动了国内移动互联网行业，特别是国内校园市场领域，但它又似乎让低迷了近两年的校园市场行业重新看到了希望。完美校园是集产业互联网与消费互联网于一体的成功案例。

■ 完美校园的发展蓬勃向上

此时（指2019年），距离新开普成立移动互联网事业部，发布完美校园App1.0版本，已经过去了5年的时间；距离其前身"玩校"更名为"完美校园"，已经过去了3年的时间；距离完美校园App全国范围内第1 000所学校的接入，也已经过去了1年的时间。作为全国最具实力的校园信息化互联网平台，蚂蚁金服的资本加持，让完美校园在具备了更多的底气和发展空间的同时，也让所有校园市场行业从业者提出了一个问题：完美校园，为什么可以？

完美校园 App 这个产品形态，与校园学生群体之间的关系紧密，且该产品在市场运作中又涉及了产品、市场、品牌、数据等事项，复杂度也高。作为一个立足校园、面向校园、发展校园、根植校园的互联网产品，我们聊校园市场，就不得不聊一聊完美校园及其背后的新开普。

5.2.2　校园一卡通推动数字化校园建设

我相信所有接受过大学教育的人都不会对"校园一卡通"陌生，无论你在哪个城市，无论你在哪所大学，无论你是什么年级，校园一卡通都伴随着你大学的日常生活。学生在学校食堂就餐时就可以使用校园一卡通，它成为每个学生常用的支付工具。我 2008—2012 年在黑龙江某高校读大学，我记得我的校园一卡通的背面清晰地印着"新中新"的字样。

■ 校园一卡通业务发展中的竞相追逐

20 世纪 90 年代是一个校园一卡通行业百花齐放的时代。深圳宇川智能系统有限公司、天津南开太阳高技术发展有限公司、福州银达汇智电子科技有限公司、沈阳先达集团股份有限公司，郑州新开普、哈尔滨新中新电子股份有限公司等一大批一卡通运营商在全国的高等院校大力开展业务。无论是食堂收费系统，还是学校机房系统，或是门禁管理系统，众多的一卡通运营商和银行在高校校园角逐。相同的介质，不同的特色，在那个移动互联网还未全面普及的年代，校园一卡通似乎成为最先开始进行校园市场争夺战的产品。

而伴随着技术的更迭和科技的发展，许多人们记忆中的校园一卡通品牌早已退出了"战场"，而以客户服务和技术创新为代表的新开普脱颖而出，不仅收获了大批学校客户，而且于2011年成功登陆资本市场，成为中国一卡通领域的首家上市公司。

■ 新开普行业领先地位的确立与多样化数字产品延伸

上市后的新开普开启集团化道路，于2015年分别以3.2亿元和1.99亿元全资收购北京迪科远望科技有限公司和上海树维信息科技有限公司，至此新开普正式确立了其在国内校园信息化领域的领先地位。

很多时候我们很难想象，总部位于郑州高新技术产业开发区的新开普，能一直以一种低调的方式影响全国几千万名大学生近20年的生活习惯和校园日常。这家目前在职员工只有2 000多人的公司，旗下却拥有2家全资子公司、4家控股子公司和多家参股子公司和分公司，在智慧校园、智慧城市、智慧园区、移动互联、教育教学、智慧水利等多个相关领域为客户提供完善的解决方案。在深耕高校信息化19年的时间里，新开普为超过千所高校的千万名大学生提供校园信息化服务，仅此一点，就值得众多校园学生类产品钦佩。

■ "玩校"移动互联网的业务布局

永不止步、不断创新，也许就是新开普可以不断散发活力和竞争力的核心要素。2014年，基于移动互联网行业的发展和移动互联网科技的不断进步，承载着战略转型任务的移动互联事业部正式在新开普内成立。以校园一卡通为基础，通过移动互联网技术，向学校和学生提供移动互联网应用服务，是事业部成立之初的目标和方向。作为一家传统行业的公司，顺应时势布局移动互联网应用，不失为当年的一个非常明智的决定。玩校 App（完美校园 App 前身）应运而生，开始了移动互联网的征程。图 5-1 完美校园 App 的前身——玩校 App 的业务布局。

玩校：

搭建高校"互联网+"平台，为师生提供校园生活、学习成长、电子支付等领域丰富的"高校移动互联基础服务"。

将校园一卡通、校园信息化系统与移动互联网深度结合，是集校园卡、校园公共服务、校园通讯录、校园社区、电子支付、NFC（Near Field Communication，近场通信）等功能为一体的创新应用。

高校移动互联基础服务

图 5-1　完美校园 App 的前身——玩校 App 的业务布局

■ 完美校园的发展推动数字化校园建设

2014 年 7 月 5 日，玩校 App 成功接入第一所高校——郑州大学。

2014 年 7 月 15 日，玩校 App1.0 版本发布。

2014 年 8 月 15 日，玩校 App 成功接入第一所 985 高校——华东师范大学。

2015 年 5 月 4 日，玩校 App 接入高校达到 100 所。

2015 年 5 月 13 日，玩校 App 注册用户（实名制在校大学生）突破 10 万人。

2015 年 7 月 25 日，新开普完美校园微信公众号支持微信充值。

2015 年 11 月 30 日，新开普完美校园大数据平台上线。

2016 年 1 月 9 日，新开普完美校园用户突破 100 万人。

2016 年 11 月 6 日，玩校 App 正式更名为完美校园，让学生"轻松生活，快乐成长"成为完美校园的新使命。图 5-2 为完美校园全新生态体系布局。

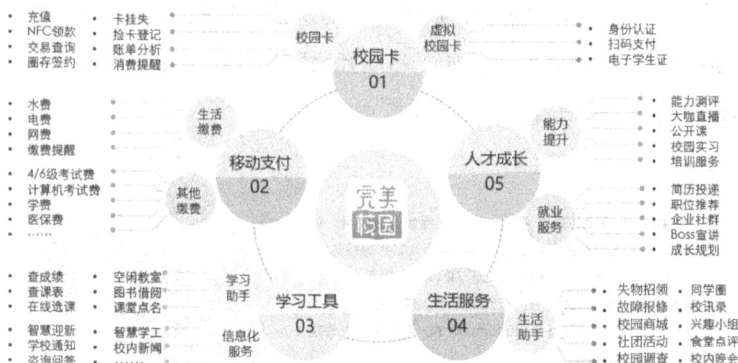

图 5-2　完美校园全新生态体系布局

2017 年 5 月 5 日，完美校园虚拟校园卡正式上线（河南工业大学）。

2017 年 9 月 22 日，完美校园微信卡包正式上线（大连工业大学）。

2018 年 6 月 1 日，完美校园支付宝卡包正式上线（中南林业科技大学）。

2018 年 6 月 16 日，完美校园人才服务正式上线。

2018 年 7 月 30 日，完美校园注册用户突破 800 万人。

2018 年 8 月 31 日，完美校园正式接入第 1 000 所学校。

2018 年 10 月 1 日，完美校园注册用户突破 1000 万人。

与其说是新开普孕育了完美校园，不如说是移动互联网的发展、科技的进步及校园用户群体的需求，推动了完美校园的面世。

◎总结·•·

我初识完美校园 App 是在 2013 年，那个时候完美校园 App 还未推出，因小米 NFC 项目的关系，我与新开普移动互联事业部副总经理，也是完美校园的现任副总经理任海伦结识，因此多次探访新开普总部。在新开普开阔的总部园区，完美校园的团队挤在一个相对不宽敞的房间里，很难想象，就是那样的拥挤环境和单薄的团队，能够创造出完美校园这样一个最具真实校园用户数据，可以实实在在影响学生校园生活的移动互联网应用产品。

校园一卡通，是大学生的校园生活必备品，在某些高校甚至是唯一的支付媒介和凭证。完美校园借助最扎实、可靠的高校渠道关系，实现了其最具价值的用户和数据积累，我想这是完美校园最终可以获得蚂蚁金服资本加持的重要原因。

5.2.3 线上＋线下打造全新校园信息化生态闭环

作为由蚂蚁金服和新开普合资，以新开普移动互联事业部和完美校园 App 为基础成立的完美数联，自成立之初就注定会成为校园市场领域和校园信息化领域的领导者和变革者。

■ 完美校园智慧生态体系

新生的完美数联，不再满足于校园一卡通的支付属性和金融属性。基于校园一卡通进而辐射校园生活的其他层面，打造以校园一卡通为核心，涵盖校园学生群体的多层次服务，成为完美数联成立的出发点和最终方向。

从学习生活、校园生活、教育培训、实习就业、社区服务等模块，到为高校提供更优质的生活管理、教学管理、人才成长管理服务，完美校园已经不再是一个单纯的吃饭刷卡、进楼刷卡的工具性产品，而是向着生态型、平台型方向快速发展。"科技让校园更美好"再次更新了完美校园肩负的使命。图5-3为完美校园智慧校园生态体系。

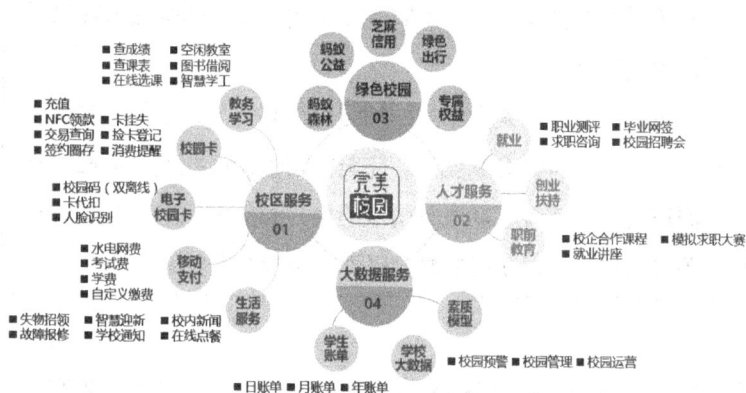

图 5-3 完美校园智慧校园生态体系

■ 不断开疆拓土实现校园信息化生态布局

2019 年 8 月，完美数联与杨成华、顾婷、赵新峰、成少雄、上海取灯新进创业投资中心（有限合伙）（以下简称上海取灯）、杭州巨人新进创业投资合伙企业（有限合伙）（以下简称杭州巨人）签署《关于北京华驰联创科技有限公司之股权转让及增资协议》，完美数联以 885 万元收购目标公司 59% 的股权，完成其对大学生实习就业模块的布局。

2019 年 9 月，完美数联与深圳市悦动天下科技有限公司签署战略合作协议，深圳市悦动天下科技有限公司为完美校园提供以悦动圈 App 为基础的 SDK（Software Development Kit，软件开发工具包）技术支持，双方共同在完美校园 App 中打造完美运动版块，从而实现完美校园对大学生体育运动模块的布局。

2019 年 9 月，由河南省教育厅指导、河南省大中专毕业生就业促进会主办、完美数联承办的"2019 完美校园简历大赛"正式启动。

2019 年 9 月 30 日，完美数联旗下完美校园支付宝小程序单日交易笔数突破 150 万人次。在秋季开学季行动中，完美校园以其高活跃值、高交易量、高覆盖度的数据，再次取得骄人成绩。自此，完美校园已经形成了"一云多端"的战略布局，学生无论是使用完美校园 App 还是使用支付宝小程序和微信公众号，都可随时随地享受完美校园提供的服务。

2019 年 10 月，重新恢复运营的面向 C 端学生用户的完美校园全国校园大使团队，用不到两个月的时间恢复了全国 1 000 所高校的校园大使团队体系架构。完美数联以线下校园团队＋线上校园自媒体的形式，通过与新开普地方办事处紧密结合，以多种方式在全国范围内开展 C 端学生运营。

从"玩校"到"完美校园"，改变的不仅仅是产品的名字，更是对校园学生市场的野心和从战略高度的布局。从"轻松生活，快乐成长"到"科技让校园更美好"，体现的不仅仅是团队文化的迭代和更新，更是对整合行业和潮流的顺势而为和不断自我改革。完美校园团队就如一个大隐隐于市的高手，坐在远方面带微笑地看着校园市场这个行业的纷纷扰扰，却从来不去凑热闹。不断地修炼"内功"，不断地改革自己，不断地打好地基，是我多年来对于完美校园团队的系统性评价。

◎总结·◦

完美校园以校园信息化的布局，建立智慧校园生态，培养了年轻用户群体智慧生活的习惯，对智慧城市、智慧园区等起到了非常好的示范作用。蚂蚁金服对完美数联的投资不仅是在资本层面的"补充弹药"，让完美校园更加有底气和自信去"开疆拓土"，更是在人才、流量、文化层面给予全力扶持，让这个团队可以不断地创新和进取，在这个竞争激烈的商业环境中永葆青春本色。

当我们在讨论校园产品、校园市场的时候，我们经常讨论什么样的产品可以获得学生和校方的青睐。其实完美校园就给出了一个答案：为校园学生提供有价值的服务，让产品、校方和学生三方共同成长。完美校园也为信息化智慧生态建设提供了一个可以借鉴的样本，在县域经济发展和城镇信息化生态建设及智慧城市建设方面，起到了间接的推动作用。这就是校园产品基业长青的根源。空谈误国，实干兴邦。做校园，无论产品，还是市场，抑或运营，不过如此。

一、打破移动互联网流量瓶颈，下沉 +ToB 两条大江汇成流量新蓝海

　　我自认为不是一名资深的互联网行业从业者，甚至一直宣称自己不是一名合格的互联网行业工作人员。虽然此前所关注的校园市场行业一直与互联网行业产品打交道，但是我在骨子里就对纯互联网模式持怀疑态度，以至于从业这么多年，还有很多时候不清楚很多互联网行业渠道专业词汇的意思。

　　源于对国民消费群体特殊属性的理解以及多年来对中国市场和国民文化的理解和感受，我个人更加推崇"有温度""人性化""接地气"的市场运作模式。在我的观点中，流量和用户是不可以同日而语的，冰冷的数据与多变的用户之间，永远存在着一条由温度和真实汇聚的鸿沟。

　　我算是一名典型的"斜杠青年"，既从事着移动互联网的市场品牌工作，又是一名职业撰稿人。许多相识多年的兄弟朋友或者同行觉得把我称为一名"媒体人"更加恰当，而正是这种模糊不清的身份边界，让我可以更加自由甚至狂妄地去看待一件事情，比如移动互联网。也正因为如此，经过了长达近两年时间的调研、观察、实践和分析，我希望以我个人的方式去解读如今移动互联网在市场流量方面的现状。

- **渠道下沉，本地化运营，2 800 多个县级行政区足够让你心潮澎湃**

特别了解我的朋友都十分清楚，多年来我一直对渠道下沉这个模式情有独钟。当见惯了北上广深的《红海》时，就会更加憧憬县域经济的潜力和未来。虽然不得不承认一线城市聚拢了更多的资本和机遇，且在某些层面更具代表性，但是我却一直坚信，2 800 多个县级行政区更能代表我国最广大的消费群体的意见和风向。

移动互联网虽然打破了消费的边界属性，但是我们不得不承认的一点是，在我国某些区县，消费的封闭性和盲目性依然存在，家族消费、模仿消费、攀比消费、跟风消费、团体消费等消费模式充斥着大部分的县城。

过去的一段时间，我走过了近 200 个县城和乡镇，去观察当地居民的生活形态，去调研各地的收入水平和消费观念。其中大部分县城和乡镇位于东北、华北等地，从黑龙江到辽宁、从河南到河北、从山东到内蒙古，最后我得出的结论只有一条：本地化运营是渠道下沉最有效、最合适的方式。因地制宜、因时制宜，在整体全盘的布局下，让当地人成为你的代言人，结合当地的实际情况和产品特点去放权，在不违背统一原则的前提下，让产品和模式在当地生根发芽、开花结果，最后根深蒂固。

- **ToB 趋势，产品为王，校企合作和企业服务让你见证现在和未来**

从 2009 年我第一次接触校园市场，至今已经过去 10 余年的时间；自 2012 年大学毕业，2013 年开始全职在这个行业摸爬滚打，至今也已过去了七八年时间。回望过去的这么多年，我见证了无数个校园产品从雄心勃勃到偃旗息鼓，见证了无数个校园渠道从志存高远到跌落神坛，也见证了这几年在校学生的消费意识和生活状态的转变，还见证了高校官方对校园市场态度和认知的变化。学生群体的流动性赋予了校园市场在下沉市场中的重要作用和地位，每年暑假和寒假的两次大范围的学生群体"迁徙"，更赋予了校园市场在下沉市场中得天独厚的优势。

■ 校企合作——校园市场行业未来的正确运作模式

多年来企业一直以校园学生团队为主力军去开拓校园市场，通过在各高校建立以兼职学生为主的学生团队，去开展类似推广、宣传、活动执行等校园动作，同时基于此衍生出无数个第三方校园代理公司、校园营销公司和校园广告公司。校园团队模式一直是我推崇的校园市场运作模式：一方面本校学生可能更加了解本校的实际情况；另一方面在校学生的时间更加充裕。同时，一个好的产品和渠道，也可以让在校学生得到真正的锻炼。但是，随着市场的不断变化和渠道的日益发展，我们不得不承认一点：这个模式已经没有什么创新了。一方面，企业方无底线、无限制地进入校园，造成学生群体审美疲劳；另一方面，学生群体自身的局限性，例如信用问题、执行力问题致使这个模式的弊端逐渐显现。不少同行感叹，管理一个省 60 个学校的学生团队，远远比管理一个 600 人的公司更令人心累，我自己也有这样的感触。同样的模式被复制成百上千遍，结果就是大家对该模式司空见惯，从而使成本急剧增加、效果断崖式下降。基于此，更有效、更直接的校园市场运作模式应运而生，校企合作可能更加能满足企业、学生和学校三者共同的利益。

校企合作，从 ToC 到 ToB，是校园市场运作的未来模式。结合校方和学生的诉求及迎合大学生第二课堂政策，围绕在校学生的日常生活和文体娱乐，推出定向互联网产品。企业与高校达成深度校企合作关系，同时以学生为自运营主体，在保障渠道稳定和可靠的前提下，让用户运营用户、用户服务用户、用户引导用户。在不损伤学生利益和校方利益的前提下，为高校学生群体提供更多有价值的服务，不但可以遏制校园市场产品和渠道的乱象，还可以得到官方的充分信任和支持，进而达到双赢。

校园市场依旧是年轻消费群体最大的载体，全国 2 900 多所高校近 4 000 万名大学生的消费潜力和消费规模，多年来一直被品牌所青睐，从未间断。而校园市场的运作模式也一直被探讨和创新，但是我们深入挖掘就会发现，万变不离其宗，一个产品和公司的校园市场运营效果，执行力、耐心和高度是关键决定因素。

■ 企业服务——触达白领和蓝领群体的高铁快车

企业服务这 4 个字是我在 2018 年 12 月首次接触到的。在此之前，我从未了解过企业服务的概念，甚至不知道有企业服务这样一个产品和商业模式。过去的半年中，因为工作需要，我接触了大量的传统企业、政府机构、企事业单位，以及专注做企业服务的平台。其中有东北老牌的国企，也有新兴的互联网企业，有万达地产、华住这样的集团，也有金蝶、用友、金山这样的平台，接触了上百家之后，我也终于可以对"企业服务"这 4 个字有一些体会并有资格做出评论。

一个 B 端企业，背后是成千上万的 C 端白领、蓝领和金领用户，企业服务和校企合作的运作模式共同点在于从单纯的 ToC 模式转变成从 ToB 到 ToC 模式，从单纯的点对点的模式，到以面盖点的模式，以团体合作接触个人用户，进而通过对方机构和行政的力量实现对 C 端的获取和占领。在满足团队需求的基础上，实现自身的市场诉求，而二者之间的重要媒介，就是产品本身。产品的质量以及解决问题的痛点，决定着企业服务本身的市场速度，而口碑这两个字，无论在企业服务还是校企合作中，都拥有至关重要的作用。

我们经常探讨年轻群体的获取模式，却很少探讨白领、蓝领等有收入和消费潜力的用户的获取模式。我们可能会选择一个工厂，或者一栋写字楼，或者一个小区去触达这部分群体，但是我们往往会觉得力不从心，因为其中少了一种叫作规则和约束的行政媒介。而企业服务解决了这一问题，让触达更加有效。

而集团性企业和团体，拥有大量为职工提供服务的预算和计划，企业文化建设逐渐成为大型集团和团体的重要工作。如果企业服务可以在这方面为目标企业提供支持和助力，推动企业协同化发展，成为企业文化的贡献者和助推器，那么在这一张拥有价值千亿万亿元的蛋糕的餐桌上，就会有你的一席之地。

无论是校企合作还是企业服务，都源于个人对 ToB 市场的观察、市场的反馈以及资本对这个领域的持续关注。当直接获取 C 端的瓶颈日益显著，那么以别样的形式去破局，也不失为一种明智的选择。这考验的是个人的判断力和魄力，以及勇气和速度。先发制人、孤注一掷，方能绝处逢生。所有真正有价值的东西，都不是能够立竿见影的，只有耐得住寂寞，不断去沉淀和总结，才能享受最终的繁华，这更加考验市场营销人员和品牌运营人员的"内功"修炼。

虽然我一直不想以大环境为由去探讨一些问题，但是客观存在的事实还是证明了如今所有互联网企业都面临着流量获取的瓶颈。有一次跟朋友聊天，朋友表达了一个感受：目前的互联网行业的氛围，就如一个气球突然瘪了一样。但是从我观察到和接触到的情况来看，资本依旧火热，市场依然充满各种机遇，只不过行业更加理性，这就是一个大浪淘沙的时代。

移动互联网上半场的欠债，终究要在下半场偿还。自强者强，无论是流量还是用户，依旧有大片未经开垦的区域，只不过许多人都只聚焦某几个点，这个行业的人没有放眼去看一看更加广阔的风景。急功近利的业界心态让人们只看眼前的利益，却忽略了长远的价值和布局。

基于个人对下沉市场的观察，在下沉市场中的实践、个人的理解和市场现状，我带着浓厚的兴趣撰写此书。愿下沉二字可以成为移动互联网行业打开下半场局面的利器。愿渠道下沉、ToB 模式、校园市场这 3 种途径，能够打开移动互联网行业的流量困局，让两条大江最终汇聚成移动互联网新的流量蓝海，生生不息、波澜壮阔。行胜于言，脚踏实地，与君共勉。

二、关于敬畏心：心有敬畏，行有所止

芝兰生长在幽深的谷底，却从来不会因为没有人欣赏而不吐纳芬芳；君子修习品德和道义，从来不会因为贫困的环境而改变自身的气节。多年以来，我经常以身作则地告诫团队，知其为而为，知其不为而不为。每一次去学校做演讲，我也会对台下还稍显稚

嫩、涉世未深的学生们强调两个词：原则和底线。这不是故作深沉，亦不是哗众取宠，而是这些年自己在商海沉浮并亲身感受，从未忘却的警言。

记得在撰写《校园市场：布局未来消费群，决战年轻人市场》的时候，我第一次对编辑这个职业心生敬畏。作为一名都市言情作家，我习惯了戴着耳机在键盘上噼里啪啦地打字，却从来不会回过头检查自己所写文字的连贯性以及是否有错别字，表述是否恰当。我也从未想过，自己酣畅淋漓地写完的长篇大论，读者看完会有一种什么样的感受。而在《校园市场：布局未来消费群，决战年轻人市场》的整个出版过程中，这本书的编辑孙媛、张璐等人，用行动向我展示了一名文字工作者严谨和注意细节的品质。编辑们对十几万字的文稿一字一句地推敲，对每一个观点去求证、论述，对每一个排版去打磨、雕琢。当稿子被三审三校，历经5个月的打磨之后送入印刷厂时，我也终于明白了一个道理：细节真的决定成败，作为一名作者，你要为你的读者负责，更要为自己负责，这是一种敬畏。如果说这么多年来我在文字创作方面一直骄傲地前进，那一刻，我的确因这些编辑的职业素养而低下了高昂的头。

移动互联网的高速发展，带来了互联网产品的极大丰富，流量获取成为所有互联网公司的核心目标及盈利方式。结果为王，这4个字更为移动互联网获取流量和市场动作提供了无所顾忌，甚至不设禁区的保护伞。当"标题党""擦边球"等流量获取方式大行其道，我们清楚地看到了某些平台和某个时期，互联网平台上的内容千奇百怪、乌烟瘴气。当猎奇心理和逐利心态在我们周围蔓延，我们是否反思过，作为移动互联网行业从业者，我们开发出来的产品、生产出来的内容，敢不敢放心让自己的父母、子女去使用、去阅读、去感受。

了解我的朋友都非常清楚，在校园市场行业从业 10 余年的我，自始至终都有两条原则：第一，不去学校里面推广以获得新用户；第二，不向学生群体推广金融产品。这是我作为一名校园市场行业从业者为自己设置的底线，更是我对我所从事的职业，以及对我面向的市场的一种尊重和敬畏。无论这个市场的群体是否需要，无论这个市场的商业潜力多么可观，对我个人来说，当我面对着一群涉世未深的学生时，我既是一名商场人士，也是守护他们的导师。从业 10 余年，我没有赚取学生群体一分钱，不是没有机会，不是没有能力，而是因为自己有底线，因为自己当年也是一名学生，因为未来自己的子女也会是一名学生。

当移动互联网流量获取的瓶颈在一线城市凸显，下沉市场成为所有互联网行业从业者眼中的宝地，各类互联网产品纷纷涌向那些他们未曾听闻、未曾到达的区县、乡镇。面对那里相对封闭的环境，以及生活在那里的居民，他们仿佛哥伦布发现了新大陆。下沉让移动互联网看到了新的世界。但是总会有不和谐的声音和景象发生，拥有数亿名用户的下沉市场，被部分互联网行业从业者当作了"薅羊毛"的载体。我们看到下沉市场，首先想到的不是如何有效地耕耘这个市场，却是如何快速、大量地收割这个群体。在这个层面，作为移动互联网行业的从业者，我是心痛的。

竭泽而渔，迎接我们的将是无鱼可捕；揠苗助长，等待我们的将是颗粒无收。

作为下沉市场的倡导者和信奉者，我从来不会将面向下沉市场的商业动作称为"薅羊毛"。相反，这个市场需要我们去理性地判断，需要我们去客观地评价，需要我们去真诚地培育，需要我们去共建。我们需要的不是一时的数据暴涨，需要的是可持续的健康发展；我们需要的不是一将功成万骨枯，需要的是为我们的目标群体提供因地制宜、有价值的服务；我们需要的不是沉浸在数据的一片繁荣中闭门造车，需要的是利用我们拥有的资源去带动社会的发展，让移动互联网产品使更多的人的生活更便捷。我相信，这是一名移动互联网行业从业者最基本的职业眼界和素养。无论是一名研发人员，还是一名产品人员；无论是一名市场人员，还是一名运营人员；无论是一名 IT 从业者，还是一名科技公司的高管，在追逐商业价值的同时，都请别忘记社会责任感。

犹记得当年高考之后第一次离家，在吃完母亲为我包的饺子之后，母亲送了我 3 句话：人间正道是沧桑；君子爱财取之有道；但行脚下，莫问前程。在那个东北小城金秋 9 月早上 6 点的清爽中，我就带着这 3 句话孤身一人踏上了求学之路。10 余年的时间过去了，在这期间，每一次在春节后将离家远行开始新的一年的奔波，母亲都会在我离家的那个早晨为我煮饺子，将这 3 句话一次次地唠叨给我听。10 余年的时间，我一直将其铭记心中，未曾敢忘，并谨遵教诲、身体力行。我想，母亲想要告诫我的只有 3 个字：敬畏心。

敬畏自己，方不会忘记你来时的路。
敬畏职业，方牢记着你的职业信仰。
敬畏他人，方时刻会懂得知恩图报。

敬畏产品，你才明白什么叫作用户体验和细节决定成败；敬畏用户，你才知晓"水能载舟亦能覆舟"的真谛；敬畏员工，你才能在某一个冬天找到为你点燃一堆柴火取暖的战友；敬畏伙伴，你才能聚拢更多为你雪中送炭、披荆斩棘的兄弟。我们都说，不忘初心，方得始终。而只有我们敬畏初心，才能知道什么才是正确的方向、无悔的选择。